Michael Erlhoff

1946 geb. in Hildesheim, promovierte in Germanistik an der Leibniz Universität Hannover bei Hans Mayer. Seit langem in Kunst und Design als wissenschaftlicher Autor unterwegs, war er Gründungsdekan und Professor eines neuen Studiengangs (Köln International School of Design) an der Technischen Hochschule Köln; davor u.a. Leiter des Rat für Formgebung/German Design Council in Frankfurt a. M., Mitglied des Beirats der documenta 8 in Kassel, Vorsitzender der Raymond Loewy Foundation, Mitbegründer des St. Moritz Design Summit und vielfacher Gastdozent an in- und ausländischen Hochschulen (u. a. in Berlin, Hamburg, Zürich, New York, Sydney, Tokio, Hong Kong, Taipei, Hangzhou). Er lebt in Köln.

Impressum

© 2021, Michael Erlhoff und Verlag der Buchhandlung Walther und
Franz König, Köln

Foto: Nele Martensen
Gestaltung: Ute Vogel
Druck: Druckerei Kettler, Bönen

Erschienen im Verlag der Buchhandlung Walther und Franz König
Ehrenstr. 4, D-50672 Köln

Bibliographische Information der Deutschen Nationalbibliothek

Die Deutsche Nationalbibliothek verzeichnet diese Publikation in
der Deutschen Nationalbibliographie; detaillierte bibliografische
Daten sind unter http://dnb.d-nb.de abrufbar.

Vertrieb:
Buchhandlung Walther König
Ehrenstr. 4
D-50672 Köln
Tel: +49 (0) 221 / 20 59 6 53
verlag@buchhandlung-walther-koenig.de

ISBN 978-3-96098-999-8

Michael Erlhoff

# Musils Mulis

Roman

Verlag der Buchhandlung Walther und Franz König

Köln

*Etwas Unwägbares. Ein Vorzeichen. Eine Illusion.*
*Wie wenn ein Magnet die Eisenspäne losläßt*
*und sie wieder durcheinandergeraten.*

Robert Musil

# Eigentlich

Nicht viel los. Er steht am offenen Fenster, denn er raucht. Im zweiten Stock mit dem Blick auf eine nicht sehr belebte Straße. Unterbrechung der Sitzung, zu der er eingeladen wurde. Eine Veranstaltung zur Verbesserung nicht gerade von Mitteleuropa, jedoch von Studiengängen.

Das soll nun für ihn Berlin sein. Er überlegt ernsthaft, ob man die Stadt von hier aus erkennen könnte. Sollte an Details möglich sein. Sagt man.

Die Luft schimmert leicht in einem satten grünen Ton. Das machen die Blätter an den hohen Bäumen, die unten die Straße säumen und sich in die Höhe bis fast zu seinem Fenster recken.

Dennoch ist der Blick ungetrübt, so kann er völlig überflüssig für einige Minuten die Autos zählen, die auf der Straße vorbeihuschen.

Als Kind hat er das häufig getan und sich dabei sogar jeweils der Anstrengung unterworfen, entweder die Automarke zu erkennen oder das Kennzeichen jedes Fahrzeugs zu entziffern. Völliger Unsinn. Er schmunzelt.

Akustisch bringt der Blick ebenfalls nicht viel. Das entfernte Brummen der Autos, irgendwo in noch größerer Entfernung einige Polizei-Sirenen, ein einziges Flugzeug in großer Höhe mit nur geringer Geräusch-Übertragung. Immerhin quietscht plötzlich der Reifen wohl eines Lastwagens, der zu scharf abgebremst wird, um so einen Unfall zu verhindern.

Hätte ja einen der Menschen treffen können, die gelegentlich über die Fahrbahn eilen. Lange Bremswege von Lastwagen. Nicht ungefährlich.

Das alles geschieht außerhalb seines Sichtfelds. Ganz schön, an einem offenen Fenster zu stehen, hinauszuschauen und dabei mehr zu hören, als er sehen kann. Klangbilder.

Allerdings nicht komplex genug, sich daraus ein Bild von Berlin zu entwickeln.

Ansonsten einige Personen auf den beiden Fußwegen. Nicht viele, nicht auffallend gekleidet. Zumindest von hier oben aus betrachtet.

Er hätte stattdessen eine symptomatische Liste der Frisuren jener Leute anlegen können. So gut strahlen die bis hier in das zweite Stockwerk. Diverse Farben oder Farbtöne. Von oben betrachtet ziemlich flache Köpfe. Nur Haare und darunter dann Kleidung. Wohl denen, die in diesem Fall etwas extremer frisiert sind. Fallen mehr auf, gewinnen Kontur.

Das Zigarillo, aus dem er durchaus genüsslich ab und an etwas Rauch in den Mund zieht, um den ihm angenehmen Rauch zuerst einzuatmen und kurze Zeit später erneut durch den Mund in die Stadtluft einzuweben, ist zur Hälfte verzehrt. Das zeitliche Maß für diese Unterbrechung der Sitzung, auf der er bestanden hatte. Gleichzeitig für ihn ein gelungener Anlass, sich wenigstens für einige Minuten aus dem Staub zu machen und diejenigen vorübergehend zu vergessen, mit denen er dort diskutieren musste und wieder diskutieren muss.

Manchmal hilft der intensive Hinweis darauf, dass man raucht, zu einer vorübergehenden Flucht vor unliebsamen Gesprächen. Auch wenn die Tatsache, dass man raucht, meist als Schwäche ausgelegt wird.

Seine Augen verfolgen in dem Ausschnitt vom nahegelegenen Bürgersteig, der für ihn aus dem Fenster hinaus einsichtig ist, einen Mann in einem hellen Trenchcoat. Womöglich kommt der ihm bekannt vor. Obwohl er derzeit lediglich dessen unauffällige Frisur, den Trenchcoat und die darin verhüllte schlaksige Figur erkennen kann.

Er verdrängt aufkeimende Gedanken, die danach fragen wollen, warum ein Bürgersteig „Bürgersteig" heißt.

Und ob das heutzutage noch gang und gebe ist. Stattdessen heftet sich sein Blick an jene Figur im Trenchcoat.

Passenderweise, anders kann man solchen Zufall nicht benennen, verlangsamt jener Trenchcoat seinen Schritt und bleibt sogar knapp links neben der Mitte einer – von diesem Fenster aus gesehen – Zentralperspektive stehen. Fährt, er sieht das ziemlich genau, mit dem rechten Ärmel in die rechte Tasche des Mantels und holt etwas heraus.

Dies wiederholt sich. Darauf bewegt sich derselbe Ärmel in die Richtung des Gesichts der Figur und steckt in deren Mund eine Zigarette.

Gewiss, von hier oben kann nicht erkannt werden, ob das eine mit oder ohne Filter und welche Marke es ist. Aber es ist eine Zigarette. Zweifellos.

Wird umso deutlicher, da die Figur in einer zweiten fast gleichförmigen Aktion des rechten Ärmels einen kleinen Gegenstand vor das vom Gesicht abstehende Ende der Zigarette hält und diese so anzündet.

Das und auch, dass es funktioniert, erkennt er von oben mit Sicherheit daran, dass nun zuerst aus jener Spitze der Zigarette und dann aus dem Mund des Gesichts sich Rauch entfaltet.

Jene Figur verharrt immer noch an derselben Stelle. Nach zwei Zügen aus der Zigarette hebt sie sogar, noch solch ein belustigender Zufall, das Gesicht nach oben. Ihm, der dort am Fenster im zweiten Stock steht, entgegen.

Der Anblick trifft ihn, manchmal übertreibt man etwas, wie ein Blitzschlag. Offensichtlich kennt er den Mann. Ein Mathematiker, Mitte dreißig, wirklich schlaksig.

Sie hatten beide vor etwa einem halben Jahr auf einer Konferenz geredet. Irgendetwas über Konfigurationen von Zahlen im Verhältnis zu Wirklichkeiten. Ziemlich kontrovers, aber mit einem gewissen Verständnis füreinander.

Heimlich, und dies war ihm etwas peinlich, hatte er den Mann für sich „Lurchi" genannt. Ein zweifellos drastisch dummer Name. Aber der war ihm so vorgekommen. Sowohl von der Struktur her als auch in der Argumentation verhielt der sich demgemäß. So ein Typ, der stets geschickt, geradezu unauffällig, ausweicht.

Wie in diesem Augenblick, als von irgendwo her ein nicht sehr großer Ball auf den zufliegt. Das kann schon mal passieren in einer solchen Nachbarschaft.

Der Ball fliegt so, dass der im Trenchcoat ihn hätte auffangen können. Doch der bückt sich leicht nach vorne und lässt den Ball an sich vorbeisausen. Richtet sich dann gleich wieder auf.

Ja, der erinnert ihn an den Wiener Philosophen und gewissermaßen auch Mathematiker Rudolf Carnap aus dem Beginn des zwanzigsten Jahrhunderts. Der nämlich als Mitglied jenes „Wiener Kreis" ebenso wie dessen weitere Insassen und bis hin zu Ludwig Wittgenstein glaubte, nur jene Erkenntnisse könnten Geltung beanspruchen, die in mathematische Formeln gesteckt werden könnten und sich dort wohlfühlten.

Nicht mehr sehr überzeugend von heute aus betrachtet. Jedoch entpuppte sich eine Reflexion von Carnap als vergnüglich. Zwar hatte die Mathematik – und dies heischt Aufmerksamkeit – immerhin schon ein Zeichen für das Ungefähre gefunden. War also in der Lage, nicht allein im Rahmen von Erkenntnis Unschärfe als Möglichkeit zu akzeptieren, sondern diese sogar zu notieren. In deren eigener Logik somit als Dimension von Erkenntnis anzuerkennen.

Klingt komplizierter, als es ist. Denn es ist leicht vorstellbar, dass nicht alles, was wir erfahren und was wir denken, gleich als in aller Schärfe gesichert akzeptiert werden muss. Nein, der Mensch muss lernen, mit dem Ungefähren, der Unschärfe, mit Unsicherheit umzugehen und zu leben.

„Lurchi" verharrt draußen auf der Straße und raucht vor sich hin.

Carnap reichte das irgendwie nicht, vielmehr stolperte er über ein anderes Problem. Nämlich über die Frage, wie man in der Mathematik den Konjunktiv artikulieren könnte. Die Möglichkeit.

Carnap, offensichtlich auch ein Raucher, wählte als Beispiel ein Streichholz, das es sich, wenn es erst einmal eine gewisse Zeit lang in Wasser läge, auflösen könnte. Eine Annahme, die zwangsläufig den Konjunktiv erfordert. Denn die Auflösung ist nicht gesichert.

Dafür notierte jener Mathematiker eine äußerst komplizierte Formel, die eher einer musikalischen Notation glich und in der Aktion und Zeit und Geschehen aufgehoben wurden. Mitsamt dem Konjunktiv, dass das Streichholz im Wasser sich auflösen könnte. Allerdings, und dies schmälert doch wohl jeglichen Erkenntnisgewinn, gelang das allein durch die Einführung eines neuen Zeichens. Eben eines Zeichens für die Möglichkeit, den Konjunktiv. Was schlussendlich ziemlich beliebig auftritt. Zumal das Zeichen selber keinerlei inhaltliche oder visuell erkennbare Nähe zum Konjunktiv hatte oder auch nur hätte aufweisen können. Außer der Behauptung.

Gerade jetzt, also am Ende dieses Gedankengangs, scheint der da unten zu ihm hinaufzuwinken. Ganz sicher ist er sich da oben dieser Anschauung nicht. Will jedoch nicht unhöflich daherkommen und unternimmt beim nächsten Ansatz, das Zigarillo zu seinem Mund zu führen, eine etwas ausladende Geste, die man, so hofft er, wenn man will, ebenfalls als ein Winken wahrnehmen könnte. Ebenfalls nur der Konjunktiv.

Gleich danach ruft ihm die krächzende Stimme des Vorsitzenden der Diskussionsrunde, aus der er sich kurzfristig an das Fenster geflüchtet hatte, zu, die Sitzung würde auf unbestimmte Zeit unterbrochen. Irgendetwas Schreckliches geschehe gerade in Berlin, und deshalb habe man das sofortige Ende beschlossen. Er könne nun wieder abreisen.

Nichts weiter.

Er hört gerade noch, wie in dem Sitzungssaal Stühle geschoben und Türen geöffnet werden. Es quietscht allgemein.

Versonnen schaut er noch einmal hinunter. Doch der Trenchcoat ist verschwunden.

Also wirft er sein Zigarillo einfach aus dem Fenster, immerhin so, dass es in den Vorgarten des Hauses und nicht auf den Fußweg fallen wird, also niemanden verletzen kann. In der Natur fühlt sich das Zigarillo seines Erachtens sehr wohl. Ist es doch selber Natur. Quasi ein Gemüse.

Ruhig bewegt er sich zurück in den Sitzungssaal, der schon völlig leer ist, rafft seine wenigen Sachen in einer kleinen blauen Aktentasche zusammen, nimmt seinen leichten Mantel, holt aus seinem Jackett ein kleines Telefon, wählt die Rufnummer „03019410", denn mit „19410" erreicht man in allen deutschen Großstädten eine Taxi-Zentrale.

Das Taxi ist bestellt, er läuft die Stufen hinunter, über zwei Stockwerke hinweg, dann zur Tür.

Wenig später bittet er den Taxifahrer, ihn zum Steinplatz zu bringen.

## Aufklärung und Tumult

Es geschieht im dritten Drittel des Jahres 2017.

Das Getöse ist unbeschreiblich, es donnert und kracht. Am Bahnhof Zoo. In Berlin. Tausende, eng an eng. Ihre Körper reiben sich aneinander.

So beginnen sie die Kantstraße entlang zu traben. Die Köpfe nach unten geneigt, den Blick starr vor sich gerichtet. Eine gleichförmige, dunkle Welle, die sich mitten durch die Innenstadt schiebt. Deren Spitze hat gerade die Fasanenstraße erreicht.

Alles wird überrollt oder aus dem Weg geschoben, Hindernisse verlieren jegliche Bedeutung. Autos zum Beispiel, die auf der Straße stehen, werden niedergewalzt, krachen dabei gar fürchterlich und geben knirschend auf. Manche explodieren sogar, da Benzin ausläuft und sich an den Funken der Marschierenden entzündet. Nicht ohne Folgen: Verwundet verschwinden einige aus der Menge, bleiben einfach liegen, werden mit der Zeit wie automatisch an den Straßenrand geschoben. Tonlos. Und ohne die Menge zu irritieren oder gar aufzuhalten.

Als könnte nichts die Trabenden aufhalten. Im Gegenteil, sie marschieren ungehemmt voran. Die Kantstraße entlang.

Am Bahnhof Zoo schließen sich immer mehr, wahrlich nicht zählbar in dieser Größenordnung, dem Zug an, zusätzlich streben mindestens Hunderte, vielleicht sogar Tausende erneut aus den Nebenstraßen hinzu.

Aus der Fasanenstraße zuerst, dann aus der Uhland. Die schließen sich alle dem Ende der Kolonne an und verlängern so die Kette.

Menschen auf den pathetisch so genannten Bürgersteigen flüchten bei diesem Anblick möglichst schnell in Hauseingänge und Geschäfte. Doch Haustüren sind hierzulande meist verschlossen, bieten also bloß den kleinen Raum davor als fragilen Schutz an. Einige der Inhaberinnen oder Inhaber oder des verkaufenden Personals der Geschäfte verschließen blitzschnell die Tür zu ihrem Laden und verrammeln die Schaufenster möglichst mit eisernen Rollos.

Nun stehen Menschen davor und klopfen verzweifelt an Fenstern und Rollos. Andere rennen spürbar panisch und gewiss berechtigt um ihr Leben, eben die Kantstraße hinunter und dann in deren Nebenstraßen hinein.

Cramerstraße, dann Grolmann. Nicht alle, die wegzulaufen versuchen, schaffen das, werden, im Rahmen dieses Vorgangs völlig plausibel, mit Wucht umgerannt und zerfetzt. Blutige Körperteile fliegen herum und werden allmählich an den Rand der Kantstraße geschoben, keineswegs noch kenntlich.

Robust und, vordergründig betrachtet durchaus elegant, stößt die Menge voran. An der Knesebeck ein kurzer Stau. Autos auf der Straße, deren Fahrer sich voller Entsetzen bemühen, den Rückwärtsgang einzulegen, um rückwärts auszuweichen. Doch dieses Unterfangen führt zu Karambolagen. Blech schießt durch die Gegend, Menschen schreien, Autos verwickeln sich ineinander, bleiben liegen. Und nicht alle daran Beteiligten schaffen es noch rechtzeitig, ihre Wagen zu verlassen. Manche Autos entwickeln sich zu Särgen. Die recht schnell demoliert zerbersten.

Denn der Zug hat Tempo aufgenommen und rast nun fast voran. Jeglicher Aufenthalt scheint ihm abhold. Auch Ampeln und Verkehrsschilder stürzen. Wobei völlig unklar bleibt, ob die, die da marschieren, sich von dem Gewicht der Namen auf den Schildern der Seitenstraßen, die sie passieren, beeindrucken lassen. Niemand fragt sie danach. Bleibtreu, Schlüter und dann Wieland. Wie ein Roman, so unaufhörlich und vermeintlich zielgerichtet bewegt sich der Zug. Immer vorwärts.

Inzwischen kommen, das kann nicht ausbleiben, Neugierige, die auf den Nebenstraßen in die Kantstraße hineinschieben wollen. Nicht alle schaffen es, rechtzeitig zu fliehen, geraten in die Menge, stürzen und werden zertrampelt. Einer versucht, sich an der Ecke der entsprechenden Straße mit einem Zitat von Wieland abzusichern: „Genieße was du hast, als ob du noch heute sterben solltest, aber spar es auch, als ob du ewig lebtest." Aber es hilft nichts, er fliegt an eine der Hauswände und bleibt mit gebrochenem Rückgrat liegen. Diese Bewegung verschlingt alles.

## Zwielicht

Mittlerweile sind massenhafte Anrufe beim polizeilichen Notruf eingegangen. Eigentlich schon, seit jene Welle die Fasanenstraße erreichte.

Doch die Angaben der Anrufenden waren allesamt so obskur gewesen – „Das Grauen tobt sich aus", „Es ist entsetzlich", „Alle sterben" oder „Das Ende ist gekommen, die Hölle" und dergleichen –, dass die Beamten, die jene Anrufe entgegennahmen, nichts damit anfangen konnten; zumal ihre Rückfragen nie beantwortet wurden oder in irgendwelchem Lärm untergingen.

Schneller reagieren da die Fernsehsender und Hörfunkanstalten. Bei denen liefen, so nannte man das einst, die Telefone heiß. Katastrophen wirken allemal anregend auf Smartphones und die diversen sozialen Netzwerke, beschleunigen jegliche Kommunikation im Journalismus, der doch schon seines Namens wegen täglich berichten muss.

Eiligst machten sich die vom Hörfunk auf den Weg in die Nähe der Kantstraße. Ist leichter für sie als für die mit Kameras, denn notfalls reicht ein mobiles Telefon, sich aktuell im Sender einzubringen. Eher verzweifelt ging es dabei in den Fernsehanstalten zu, wo man äu-

ßerst nervös versuchte, Kamera-Teams zusammenzustellen. Immerhin braucht man dafür, wenn es halbwegs
authentisch klingen und aussehen soll, eine Person für
die Kamera, einen Profi aus der Berichterstattung und
möglichst noch jemanden für den Ton.

Immerhin – wir sind wieder in der Gegenwart – ein
Privatsender schafft es, mit einem Funkwagen in die
Leibnizstraße zu fahren, mit einer gefälschten Polizei-
sirene den dortigen Verkehrsstau auf dem linken Bürgersteig zu überholen. Rücksichtslos, wie man so ist,
wenn es um Sensationen geht. Einige Strafanzeigen von
bei dieser Aktion verletzten Menschen würde es wohl
im Nachhinein geben.

Zur aktuellen Situation: An der Ecke Kantstraße/
Leibnizstraße tummeln sich einige mit dem Telefon am
Ohr und voll im Kontakt mit ihren Sendern. Außerdem
lugt eine Fernsehkamera mitsamt Mikrofon um die
Ecke.

Zusätzlich laufen in den Sendern derweil kurze Nachrichten mit Warnungen etwa dieser Art: „Irgendetwas
Furchtbares ist los in der Kantstraße", „Wir raten allen
Zuhörern dringend, die Kantstraße zu meiden", „Vorsicht, in der Innenstadt herrscht Chaos" und so.

## Zinnober

Ausgerechnet Leibniz. Die wogende Masse auf der
Kantstraße erdrückt auch dessen Erkenntnisse und
nimmt ihn nicht wahr. Doch auf der Leibnizstraße entsteht plötzlich Unruhe. Denn genau auf der Seite, wo die
mit der Fernsehkamera und die anderen mit den Telefonen herumstehen, drängen wie ein Pfeil weitere mit
ungeheurer Wucht, sich den auf der Kantstraße Trabenden anzuschließen. Unverhohlen jagen sie die Leibnizstraße hinunter, verzichten auf jegliche Rücksicht den
Leuten gegenüber, die sich dort aufhalten, drücken die-

se einfach an die Hauswände oder auf die Straße. Auch hier fließt viel Blut, und dazu fliegen diverse Telefone und ebenfalls eine Kamera mitsamt Mikrofon durch die Luft, wirbeln kurzfristig ohne Ziel über den Köpfen der Anstürmenden und verlieren sich bald irgendwo im Getümmel.

Die ersten Reihen der auf der Kantstraße tosenden Menge haben mittlerweile die Leibnizstraße passiert, doch diejenigen, die aus der Leibniz kommen, reihen sich später in der Kette ein und verstärken so den Marsch.

Der Zug donnert durch die Häuserschlucht, wirkt unaufhaltsam, vernichtet alles, was auf dem Weg stört und die Kantstraße zu blockieren sucht. Richtung Weimarer Platz. Dramatik inbegriffen.

## Dachschaden

Zwischen Genesis und Geltung verläuft sich häufig sehr viel Zeit. Da denkt sich jemand etwas aus oder etwas geschieht, und es braucht einige Augenblicke oder Jahrhunderte, bevor die Qualität davon entdeckt oder sogar umgesetzt wird.

Davon könnte Noah ein Lied singen. Nicht allein, weil er – so steht es geschrieben – 950 Jahre alt wurde und auf diesem langen Weg häufig solche Zeitspanne zwischen Genesis und Geltung erfahren musste, sondern insbesondere deshalb, da erst kürzlich wissenschaftliche Forschungen ein merkwürdiges Geheimnis ermittelten und dokumentierten, das sich damals auf jener Arche begab. Umso tragischer, dass noch nicht einmal der alte Noah dies erleben konnte.

Dringend Zeit also, dieses Geheimnis zumindest so weit zu lüften, wie es derzeit sich darstellt. Doch zuvor nötigt uns das zu einer kurzen Erläuterung der damaligen Umstände.

Vielleicht ist notwendig, zuerst über die Arche selber einige Angaben vorzutragen, damit man eine Vorstellung von ihr gewinnen kann. Sie wurde, soweit ist das gesichert, aus Holz gebaut, wahrscheinlich, so die Mehrheit in den Wissenschaften, aus dem Holz der Zypresse. Denn dieses Holz widersetzt sich sehr gut dem Einfluss des Wassers und ist recht dauerhaft. Musste es doch einige Jahrhunderte aushalten.

Sodann zur Größe: Wenn wir die in damaligen Schriften üblichen Angaben in Ellen in unsere heutigen dafür gebräuchlichen Zählweisen übersetzen, dann war die Arche etwa 150 m lang, fast 25 m breit und nahezu 15 m hoch. Was ein komplettes Raumangebot von etwa 40.000 m$^3$ ergibt.

Die Höhe begründet sich dadurch, dass Noah zwei Zwischendecken einzog, um dadurch die Stabilität der Arche zu gewährleisten. Zugleich schuf dies mehr Platz, nämlich insgesamt eine Bodenfläche von ziemlich genau 9.000 m$^2$. Also eine ganze Menge.

Nun ist ja allgemein bekannt, dass Noah von irgendwem darüber informiert worden war, dass es bald eine Sintflut geben würde, und er wurde von demselben zusätzlich aufgefordert, jeweils paarweise die auf der Erde existenten Tiere und seine eigene Familie auf dieser Arche einzuquartieren und so vor dem Untergang zu retten. Selbstverständlich nicht jene Tiere, die sowieso im Wasser lebten und durch eine Sintflut keineswegs bedroht waren. Also keine Fische, Wale, Quallen, Krebse, Seeigel, Kraken, Seesterne und anderes wässriges Getier. Ebenso wenig, auch wenn das heikel war, Vögel und andere fliegende Wesen; heikel, da diese sich gelegentlich doch gerne irgendwo auf einem Grund niederlassen und nicht unbedingt schwimmen können.

Etwas ungereimt bildet sich das heutzutage ab. Während weniger problematisch ist, dass bei dieser Ausnahmeregelung weder Käfer noch andere Insekten oder gar Bakterien und Viren vorkommen. Einerseits wusste man damals noch gar nichts über Bakterien und Viren, andererseits kann man entspannt davon ausgehen, dass diese ebenso wie etliche Insekten sich heimlich in die Arche verkrochen und so ebenfalls überlebten.

Diffuser erweist sich, dass unter der Kategorie „Landtiere", die eben jene umgreift, die sich wesentlich auf dem Land aufhielten, sich lediglich diejenigen aufgehoben finden, die schon zu jener Zeit von Noah diesem bekannt waren. Mithin ausschließlich die, die sich in seinem Umfeld befanden und die er für die Arche einzusammeln vermochte. Zweifellos fehlten dort viele Arten etwa aus Asien oder aus dem Kontinent, der später „Amerika" genannt wurde. So müssen wir uns mit der Unklarheit abfinden, wie solche vielen hier nicht berücksichtigten Tiere trotz der Sintflut und trotz der Tatsache, dass sie die Arche nicht betreten konnten, überlebt haben.

Nun, Mysterien bleiben immer. Anderes dagegen lösten neuere Forschungen. Denn, wie schon oben notiert, sollte Noah die Tiere paarweise auf die Arche holen. Klar, dazu seine Frau, seine eigenen drei Söhne, sich selbst und – so würde man heute schreiben – seine Schwiegertöchter. Ebenfalls Paare.

Sofort leuchtet dieses Prinzip ein, denn es sollte die Möglichkeit eröffnen, dass jede Art Tier und auch die Menschen sich, wenngleich recht inzestuös, fortpflanzen würden, um nach der Sintflut weiterhin und erneut die Erde zu bevölkern. Tatsächlich achtete Noah mitsamt seiner Familie eifrig auf diese geschlechtlichen Verhältnisse. Sorgfältig wurden die Passagiere gemäß diesen Vorbedingungen ausgesucht und auf die entsprechenden Decks bugsiert. Immer ein Männchen und ein Weibchen auf dieselbe Etage. In der Hoffnung, diese würden sich beizeiten miteinander anfreunden und daraufhin schier zwangsläufig jene Vorgänge starten, die für Nachwuchs sorgen. – Übrigens nicht sofort. Denn dafür reichte nun wirklich die Größe der Arche nicht aus. Also beruhigten Noah und dessen Familie die Tiere für längere Zeit oder hielten sie voneinander fern, redeten ihnen gut zu oder rissen sie auseinander. Zugegeben, gelegentlich benötigte das, so wird es dargestellt, etwas Gewalt.

Nun aber endlich zu den neuen und sensationellen wissenschaftlichen Forschungen. Diese haben nach etlichen und auch öffentlich finanzierten Studien letztlich ergeben, dass der Familie Noah ein verrücktes Missgeschick widerfuhr oder unterlief: Versehentlich, was in dem großen Durcheinander völlig verständlich war, trieben sie einen Pferdehengst, der sich ständig aufbäumte und mit den Hufen um sich schlug, an das obere Deck und die entsprechende Stute in das untere. Dabei sind sich die Wissenschaften immer noch uneins, ob dieser Vorgang hintergründig gar nicht den beiden Pferden geschuldet war, vielmehr auf einen Fehler des einen Sohns von Noah basiert, ein Fehler von Sem, da dieser vor lauter Hektik nicht zwischen Eseln und Pferden zu unterscheiden vermochte. Können ja ähnlich aussehen, und Ähnlichkeit verführt Menschen leicht zur Gleichschaltung.

Auf jeden Fall kann man heute feststellen, dass, als die Arche vom Ufer ablegte, auf Deck 1, also unten, sich eine Pferdestute und ein Eselshengst aufhielten und auf Deck 2 ein Pferdehengst und eine Eselsstute. Doch ebenfalls ein Eselspaar sollte gerettet werden, denn das sind bekanntlich kräftige Tiere, nur ist selbst bis heute nicht geklärt, ob diese beiden Aufspaltungen von Hengst und Stute allein aufgrund deren Verhaltens oder wegen des Fehlers dieses aufgeregten Sohns von Noah geschahen. Gewiss oder durch die Studien gesichert ist lediglich, dass jene beiden Paare auf diese Weise getrennt wurden.

Tragisch genug. Wir können aufgrund unseres eigenen Gefühlslebens ahnen, wie verzweifelt jene beiden Hengste und jene beiden Stuten ob dieses Chaos gewesen sein mögen. Pferdehengst und Eselsstute auf dem einen Deck, Pferdestute und Eselshengst auf dem anderen. Grund für Aufregung, jedoch keiner für wissenschaftliche Studien.

Hätten diese nicht etwas Eigenartiges hervorgebracht oder ans Licht gezogen. Aus den vielen internen Logbüchern der Arche, die erst kürzlich gefunden und mühsam entziffert wurden, ergibt sich in den Eintragungen, wenn man diese ebenso genau wie mit einiger Fantasie liest, das Folgendes geschah: Auf Deck 2 fanden sich nach einiger Zeit wohl der sicherlich zumindest sexuell verzweifelte oder frustrierte Hengst und die womöglich sich in derselben Stimmung befindliche oder frustrierte Eselsstute. Zuerst wegen ihres ähnlichen Aussehens nacheinander Ausschau zu halten, allmählich sich durch die vielen anwesenden anderen Tiere hindurch anzunähern und dann sogar miteinander zu schmusen. Schließlich – und entsprechend den vorliegenden Dokumenten entging dies der Aussicht der Familie Noah – kamen die beiden sich wirklich sehr nahe, sprang gar der Pferdehengst von hinten auf die Eselstute, ruckte einige Male hin und her, äußerte dabei leidenschaftliche Töne und sprang wieder auf seine eigenen Hufe. Die Eselstute schien dies sogar zu genießen. Und wirklich: einige Monate später warf sie ein kleines Fohlen. Ein weibliches.

Selbstverständlich produzierte dieser Vorgang – also der Wurf, da der Zeugungsvorgang selber niemandem aus der Familie von Noah aufgefallen war, eventuell waren die gerade mit sich selbst beschäftigt – auf der Arche helle Aufregung. So die Dokumente, die das so umständlich formulieren. Man wusste nicht, was man damit, also mit dem Nachwuchs, anfangen sollte. Hinderte jedoch die Stutenmutter nicht daran, das Fohlen zu säugen und aufzuziehen.

Aber noch vertrackter sind die weiteren Entdeckungen der Wissenschaften. Es klingt absurd, doch auf Deck 2 entwickelte sich etwas Vergleichbares. Dort fanden sich der ohnehin etwas groß geratene Esel, also der Hengst, und die Pferdestute. Als hätte es eine Gedankenübertragung zwischen Deck 1 und Deck 2 gegeben, suchten ebenfalls diese beiden so vereinzelten Spezies nach gewisser Zeit die Nähe zueinander. Entsprechend den Unterlagen, die nun vorliegen, hatten die beiden lange keine Notiz voneinander genommen. Aber aus irgendeinem Grund, mag sein wegen des Geruchs oder der Wellen durch die Sintflut oder wegen eines Gewitters, schaffen die beiden nahezu plötzlich, sich zu treffen, legten erst die Köpfe nebeneinander, schmiegten wenig später ihre Körper aneinander – und dann sprang der Hengst, der Esel also, mit Anlauf von hinten auf die Pferdestute, rumpelte mehrfach mit seinem Unterteil in deren Unterteil. Erst nach einigen Minuten hüpfte dieser Hengst herunter und beruhigte sich. Wobei offenkundig die Stute diesen Vorgang schätzte.

Man ahnt es, auch diese Pferdestute gebar nun ein Fohlen, ein männliches, und zog es auf.

Man kann den Materialien, die den Wissenschaften vorliegen, durchaus entnehmen, dass nach einer gewissen Zeit – schwierig, im Chaos der Arche den Überblick zu behalten – Noah oder, da ist man etwas unsicher, dessen Sohn Ham die Resultate dieser beiden Vorgänge entdeckten. Einige Unterlagen besagen sogar, dass der Familienrat Noah eigentlich in der Tendenz eigentlich nahelegte, diese beiden Fohlen ins Wasser zu werfen. Also ein ganz anderer Wurf. Doch irgendetwas holte sie auf den Boden der Ethik zurück und führte dazu, dass diese Erstgeburten auf der Arche akzeptiert wurden. Allerdings in der klaren Ansage, dies würde nun beispielhaft für weitere Prozesse der Entwicklung von Nachkommen verlaufen. Allerdings ab jetzt in genetisch geregelter Folge.

Gewissermaßen als Test, darum kümmerte sich entsprechend der Überlieferung jener Sohn namens Ham, ging man sogar dazu über, nach einer gewissen Zeit – die Arche bewegte sich quasi zeitlos, dennoch alterten die beiden Fohlen und entwickelten sich in zumindest potentielle sexuelle Pubertät und darüber hinaus – diese beiden Fohlen auf Deck 3 nebeneinander zu stellen und darauf zu warten, dass diese wiederum Nachkommen hervorbringen würden. Ham, damit beauftragt, tat alles dafür. Er streichelte die nun ja quasi erwachsenen beiden Tiere, reichte ihnen spezielle Nahrung, redete ihnen gut zu, zeigte sogar dem männlichen der beiden an seinem eigenen Körper, wie man sich sexuell betätige.

Doch so sehr er sich auch bemühte, und sogar, nachdem er Noah und alle Frauen und seine Brüder hinzugezogen hatte, einmal demonstrativ zu zeigen und dabei zu erläutern, wie man das macht, geschah: nichts. Die beiden erwachsenen Fohlen schienen sich durchaus zu mögen, keine Feindschaft war zu erkennen, eher Zuneigung oder sogar wirkliche Freundschaft. Aber nichts darüber hinaus.

Nun kennen die Wissenschaften heute den Grund dafür, wissen, dass zwischen solchen Nachfahren keine weiteren Nachfahren entstehen können. Klappt nicht.

Resigniert, so vermuten die Forschungen, gaben Noah und dessen Familie auf. Zwar ohne Kenntnis jener oben bezeichneten Sachlage, gleichwohl aus empirischer Einsicht. Nützte nichts.

Irgendwann merkte der dritte Bruder, Jafet, der bis dahin nicht besonders involviert gewesen war, dass sich, als diese an Bord sprangen, die Pferde mit den Eseln oder die Esel mit den Pferden vertauscht hatten. Sogleich – nach etlichen Jahrzehnten war die Situation auf der Arche etwas übersichtlicher geworden – sorgte Jafet dafür, dass der Pferdehengst zu der Pferdestute und der Eselshengst zu der Eselstute gebracht wurden. Offensichtlich nicht ganz einfach, die Decks zu wechseln, und damit auch die jeweiligen Eltern der mittlerweile herangewachsenen Fohlen zu trennen. Die mochten sich sehr. Das brauchte Kraft und organisatorisches Talent.

Soweit jene neuen wissenschaftlichen Forschungen, die wahrlich eine Sensation verkünden. Demgemäß sofort in allen wichtigen wissenschaftlichen Zeitschriften und Online-Publikationen veröffentlicht wurden und damit abgesichert überzeugen sollten.

Offen geblieben ist allerdings die Frage, was mit jenen Fohlen in deren erwachsenem Leben weiterhin geschehen ist. Ob da nicht doch irgendwelche Nachkommen sich entfalteten oder vielleicht diese Vorgänge auf der Arche zwischen Pferden und Eseln sich wiederholt haben könnten. Mit welchen Auswirkungen auch immer.

Zur Arche selber sind die Folgen ja bekannt.

## Berliner Kindheit

Inzwischen hatten offenkundig selbst die Berliner Ordnungskräfte verstanden, dass sich hier eine wirkliche Katastrophe anbahnte. Wie so üblich hatte man schnell einen Krisenstab gebildet. Nein, nicht wirklich schnell. Wir reden mittlerweile von einer Zeitspanne von einer dreiviertel Stunde. Etwa. Das ist schwer rekonstruierbar.

Doch sind nun viele Polizisten informiert, versuchen ein oder zwei obere Beamte, Gruppen von Polizisten mitsamt entsprechenden Fahrzeugen zusammenzustellen und dazu ein sogenanntes Sondereinsatzkommando zur Aktion zu verleiten, Wasserwerfer in die Gegend zu bringen, einen Hubschrauber zur Kantstraße zu ordern und zugleich die Öffentlichkeit über Lautsprecherwagen und über die allgemeinen Medien zu informieren, man möge dringend die Kantstraße und deren Nebenstraßen meiden oder, wenn man sich in deren Nähe befände, in die anderen Richtungen laufen.

Letztere Aktion wird direkt umgesetzt, und über alle Rundfunkstationen, Fernsehsender, im Internet sowie per Lautsprecher, die in den Straßen, soweit das geht, herumgondeln, wird über eine allgemeine Gefahr berichtet. Etwas diffus, da noch niemand wirklich weiß, was dort geschehen ist, geschweige denn, was geschehen wird. Einfach allgemein von Gefahr ist die Rede.

Halbwegs funktioniert das trotz mangelnden Wissens. Irgendwie scheint das anlässlich anderer Vorfälle insbesondere im nahegelegenen Ausland eigenartig spekulativ sensibilisierte Publikum nervös genug zu sein, solcherlei Meldungen blitzschnell mit Terror zu assoziieren. Wobei gewiss die Angst vor solchem Terror von diversen Medien und ohnehin in Social Media-Plaudereien intensiv geschürt wurde und man nie genau verstehen wird, wie weit diese Angst geprägt ist durch Sehnsucht nach extremen Erregungen und Ereignissen, um das Leben zu erschüttern und so zu verlebendigen, oder doch durch pure Furcht. Das ist einfach nicht trennbar, nur Ausdruck des normalen Durcheinanders.

Genau so verhalten sich auch hier bei dieser Meldung die Menschen: Einige laufen sofort weg in die empfohlenen Richtungen, drehen sich gleichwohl gelegentlich um, um womöglich doch noch einen Eindruck von dem

Entsetzlichen zu erhaschen; andere rechnen sofort aus, wann und wo die Katastrophe eintreffen würde und rennen flugs an den von ihnen imaginierten Ort.

Was, wenn sie denn richtig geraten haben, an dem entscheidenden Platz das Chaos vergrößert. Nun hat sich nämlich die Staatsgewalt am Weimarer Platz aufgebaut. Gemäß den Berechnungen, wohin die Marschierenden sich bewegen würden, wenn diese denn gleichförmig weiterliefen. Da stehen sie jetzt und warten. Drei Wasserwerfer und ein gepanzertes Fahrzeug in der ersten Reihe, zwischen diesen etliche Polizisten mit Helmen auf den Köpfen und dicken schusssicheren Jacken, in den Armen bedrohliche Waffen. Dahinter wohl etwa drei Hundertschaften der Polizei, unterstützt von der offiziellen Bundespolizei. Das wirkt mächtig und auf den ersten Blick fast noch gefährlicher als jener Marsch.

Mittendrin in dieser geballten Demonstration staatlichen Vollzugs allerdings sticht eine Plattform ins Auge, auf der sich eine Fernsehkamera mitsamt dazugehörigem Mann langsam bewegt. Tatsächlich hat ein Aufnahme-Team es geschafft, sich mit einem Gefährt unter die Polizisten und deren Fahrzeuge zu mische. Auf dessen Dach ist ein Hubwagen befestigt, mit dem jene Kamera mitsamt dazugehörigem Mann in die Höhe befördert werden konnte. So hat diese Kamera im wahrsten Sinne des Wortes den Überblick. Und ist auf Sendung.

Alles ist vorbereitet, das Drama unvermeidlich. Und in gar nicht so weiter Entfernung kann man schon die Spitze der Trabenden sehen. Die Kamera auf dem Hochstand überträgt schon dieses Bild in diverse Kanäle.

# Gleichzeitig

Er sitzt in einem Kaffeehaus am Steinplatz draußen auf der Terrasse. Das ist dieser eigentlich so unauffällige Platz, der an und für sich überhaupt keinen Platz formt. Aber dort zu sitzen, draußen auf der Terrasse eines Kaffeehauses, kann sehr angenehm sein. Zumindest dann, wenn es warm ist. Denn es ist an dieser Ecke in Berlin ziemlich ruhig. Auf der naheliegenden Hardenbergstraße bewegen sich kaum Autos, mithin stört nichts wirklich die ruhige Atmosphäre.

Zugegeben, das Café, auf dessen Terrasse er sitzt, bietet keine vorzügliche Gastronomie und auch nur sehr mittelmäßigen Service. Doch er genießt offensichtlich die Ruhe und hat schon einen Espresso getrunken. Denn eine leere Espressotasse steht auf dem kleinen runden schwarzen Metalltisch vor ihm. Die Tassen innen noch etwas bräunlich, und auf der Untertasse ein leicht schmutziger kleiner Teelöffel. Übrigens keine besonders schöne Tasse, lediglich die übliche Art mit den dicken Keramikwänden, die der Tasse ein gewisses Gewicht verleihen und so vor dem Gebrauch, also schon in der Hand derer, die den Espresso trinken wollen, mehr Inhalt vorspielen, als wirklich drin zu finden ist.

Außer ihm sind lediglich drei weitere der kleinen runden Metalltische besetzt. Zwei junge Frauen, die trotz der milden Wärme dieses Tages beide schwarze Lederjacken tragen, ihre jeweils ziemlich langen Haare zu einem – so nannte man das einst wirklich – Pferdeschwanz gebunden haben, viel miteinander reden und dabei gelegentlich an einem Sandwich knabbern. Er kann nicht hören, was sie reden, und interessant sind sie für ihn offenkundig sowieso nicht.

Dies gilt ebenso für jenes Paar an einem anderen der Tische, das bloß – er kann das sehen – eine große Flasche Wasser miteinander teilt und überhaupt nicht spricht, vielmehr blicken beide auf ihre handlichen Telefone und wischen gelegentlich mit ihren Fingern darüber. Schließlich noch drei Männer, alle drei in diesen banalen Business-Anzügen von der Stange. Klar, jetzt ist Mittagspause in den Büros, und die essen hier. Er kann nicht entdecken, was. Auf jeden Fall jedoch hilft denen das Essen, nicht miteinander reden zu müssen. Sie sind wirklich sehr still, schmatzen bestenfalls leise vor sich hin.

Mitten in diese Idylle platzt die Bedienung. Eine Frau. Das wäre in Wien anders. Aber hier in Berlin: eine Frau. Er blickt sie kurz an, ist nicht beeindruckt, findet sie langweilig und zu mager – und ärgert sich zugleich, diese Frau überhaupt in so dummer Weise zu kommentieren. Bei einem Kellner hätte er gewiss anders reagiert, womöglich dessen Sprache kritisiert oder dessen Haltung und Langsamkeit.

Dies jetzt wenigstens für sich selber zu kompensieren, bittet er die Bedienung zu sich und bestellt einen weiteren Espresso und dazu eine Flasche Mineralwasser, stilles Mineralwasser. Sie nimmt die Bestellung auf, fragt dabei nach: „Gefällt ihnen unser Espresso?" Und er fragt nach: „Verwundert Sie das?"

Sie muss lachen und geht locker davon.

Er – ach ja, hier wurde noch nicht erläutert, wer das ist. Doch das macht nichts, man wird durch dessen Handlungen und auch Gedankengänge noch genug über ihn erfahren.

Also: Er blickt in der Gegend herum, findet wohl nichts Interessantes oder Besonderes, die Aufmerksamkeit darauf zu lenken, bückt sich und holt neben dem Stuhl, auf dem er sitzt, seine kleine blaue Aktentasche hervor und legt sie auf den Tisch. Sodann öffnet er sie, greift mit der rechten Hand hinein und holt zuerst ein Telefon heraus, nach erneutem Griff einen Papierblock in der üblich normierten Größe von DIN A4 und einen Kugelschreiber. Irgendeinen.

Bei der Bewegung, die Tasche neben dem Stuhl zu ergreifen und auf den Tisch zu legen, fällt übrigens auf, wie angenehm man auf dem Stuhl platziert ist, auf dem er sitzt. Das ist nicht einer dieser wackeligen oder andererseits streng die Haltung vorgebenden Stühle, sondern einfach ein bequemer.

Er bricht diesen Gedanken ab – solche Gedankensprünge wird man noch häufiger erleben –, öffnet den Papierblock, legt ihn vor sich hin und nimmt den Kugelschreiber in die rechte Hand. Nachdenklich drückt er am hinteren Ende auf dessen Gehäuse und schiebt so die Mine heraus, um nun schreiben zu können:

Dein Neid

Deren Reden

Sie = Eis

Aber Rabe

Geile Liege

Lieb Leib Blei Beil

Schwager – Arsch Hase.

Er stoppt. Sieht sich noch einmal die letzte Zeile an. Schüttelt den Kopf, aber lächelt zugleich. Nein, diese letzte Version ist selbstverständlich kein Anagramm. Jedoch nimmt es dieselben Buchstaben aus dem ersten Wort und schüttelt diese, ein neues Wort zu formulieren. Allerdings bei der letzten Fassung nicht alle Buchstaben, nur jeweils einige. Aber schön ist die Aussage schon.

Dennoch streicht er die letzte Zeile und setzt nun fort:

Gerne Regen

Einsame Ameisen

Hochschule Lochschuhe.

„Super", er ist so begeistert von seiner Formulierung, dass er unterbricht, den Kugelschreiber weglegt.

Er liest die Zeilen noch einmal durch, vergnügt sich augenscheinlich daran, reißt das Papier aus dem Block und zerknüllt es, wirft es einfach auf den Tisch.

Da kommt die Bedienung und bringt seinen Espresso nebst einer kleinen Flasche Mineralwasser. Sie stellt beides auf den Tisch und lächelt dabei erneut.

Er scheint das nicht wahrzunehmen, ist wohl noch verstrickt in seine Schreibversuche.

Einige Zeit der Stille vergeht, unterbrochen von dem Ton seines Löffels, mit dem er den Zucker in der Espressotasse umrührt, den er zuvor behutsam in den Kaffee geschüttet hat. Behutsam, weil sich der Zucker in einem dieser unseligen Glasbehälter mit jener oben aufgeschraubten langen Metallöffnung befindet, in dem der Zucker meistens klumpig wird, demgemäß nicht durch die Öffnung passt oder mit brachialer Wucht hindurchsaust und sich in Unmengen in den Espresso ergießt. Zu viel oder gar nichts, manchmal sogar inklusive Metallteil.

Er hat vor dem Ausgießen das Gefäß geschüttelt. So kriegt man das hin. Weshalb er nun fast selbstgefällig im Espresso rührt und diesen genüsslich trinkt.

Viel heftiger stört in diesem Augenblick sein Telefon die Ruhe oder Langeweile. Ja, er wollte dessen Klingelton schon längst ändern, hatte es aber nicht getan. So klingelt das Telefon wenigstens nicht mit einem jämmerlichen Schlager, sondern mit genau jenem Ton alter Telefone zu analogen Zeiten.

Er greift es mit der linken Hand und hält es an sein linkes Ohr, außerdem drückt er mit dem linken Daumen irgendwo drauf und lauscht.

Kurze Zeit später redet er: „Gut. Ich warte sowieso hier auf dich."

Pause und Fortsetzung: „Ach, du bist schon hier? Wo?"

Er schaut sich um und winkt etwas verlegen. Denn da

taucht ein anderer Mann auf, den er offensichtlich kennt und mit dem er gerade telefoniert hat.

Der nähert sich eilig, kommt auf ihn zu. Er steht auf, sie begrüßen sich durch Umarmung und einige der üblichen Wörter und setzen sich erneut an den Tisch.

Ein zweiter Stuhl ist vorhanden. Die beiden reden anfänglich über das, worüber man immer so redet, wenn man sich eine Zeitlang nicht getroffen hat. Also, dass der jeweils andere ganz entspannt aussähe, man zugleich doch etwas älter geworden sei, wie das Leben so an und für sich liefe und so ähnlich.

Dann fragt der Neue: „Was tust du eigentlich diesmal hier in Berlin?"

Den Angesprochenen irritiert nach wie vor der wenn auch mittlerweile leichte schwäbische Akzent des Fragenden, doch ohne das zu kommentieren, antwortet er: „Eine stumpfsinnige Sitzung. Langweilig, überflüssig wie immer." Und nach einer kurzen Pause: „Du arbeitest mittlerweile beim Radio? Zumindest habe ich dich einige Male im Deutschlandfunk Kultur gehört. Klang ganz gut." Bei dem letzten Satz lächelt er heimlich, denn auch im Radio fiel dessen Akzent aus der Reihe.

„Ja, das läuft ganz gut. So als fester Freier. Ein bisschen Stress, ist normal. – Und wie lange wartest du hier schon auf mich?"

„Eine halbe Stunde, mehr nicht. Ist schön hier, zumal bei dem guten Wetter. Anfang Mai. Wunderbar."

Die Bedienung, dieselbe wie zuvor, kommt an ihren Tisch, und der neue Gast bestellt einen Cappuccino. – Typisch für einen Schwaben: große Menge statt konzentrierter Qualität.

Der, er sitzt rechts neben ihm, sieht zu ihm rüber, zupft an seinem hellblauen Jackett, es etwas eleganter über seinen doch ziemlich dicken Bauch zu schieben, stutzt über das zerknüllte Blatt Papier auf dem Tisch: „Hast in der Zeit schon was geschrieben und gleich wieder weggeworfen?"

„Nur ein paar Anagramme. Brauche ich nicht mehr. War Spaß." Er trinkt einen Schluck Wasser, zaudert: „Stopp, da fällt mir gerade noch eines ein. Aus niedlich wird dienlich. Das passt."

Er fischt die Zigarillos aus seinem Jackett, fingert herum und zündet ein Zigarillo an. Ein Aschenbecher ist auf dem Tisch vorhanden.

Das blaue Jackett lacht: „Klingt gut. Aber andererseits: das bringt doch nichts. Damit könnte ich kein Geld verdienen. Du solltest lieber erzählen, hast doch genug erlebt."

„Quatsch. Nur, wer nichts zu sagen hat, erzählt. Aufzählen, teller machines. Von eins bis zu irgendeinem Ende. Welcher Blödsinn. Langweilig dazu."

„He, spinnst du. Alle erzählen heute, du musst erzählen. Und immer ein Narrativ erwähnen. Sonst siehst du alt aus."

Durchdringender Lärm bricht in die Stille. Etliche Sirenen kreischen durch die Straßen. Stört nur kurz.

„Vergiss es. Habe gerade einen Text geschrieben zur Narretei des Narrativen. Das reicht mir."

Das Gegenüber schnabuliert an seinem Cappuccino und verschluckt sich fast: „Gut, ist ja gut. Ist dein Problem."

„Keineswegs. Erzählen reproduziert lediglich die allgemeine Ideologie einer stimmigen Logik. Das ist Lüge, nichts mehr."

Die Sirenen entfernen sich.

„Komm, hör auf. Das klingt ziemlich angestrengt. Wenn die Leute Erzählungen haben wollen, dann sollten wir sie bedienen. Warum kompliziert, wenn es auch einfach geht."

Glücklicherweise knattert ein fettes Motorrad um die

Ecke und lenkt beide ab.

„Nick Knatterton. Kennst du den noch?"

„Klar, der Detektiv mit Mütze und Pfeife. Lange her." Der Schwabe schlürft erneut an seinem Cappuccino und ist offenkundig bemüht, ein neues Thema zu finden: „Ich arbeite gerade an einem Feature über Haustiere. Wirklich verrückt, achtzig Prozent der deutschen Haushalte besitzen mindestens ein Haustier."

„Furchtbar. Die armen Tiere."

„Ich sage dir, die Leute drehen durch. Am schlimmsten habe ich das in Tokio erlebt: Da gibt es statt Catwalk in einem Park mitten in der Innenstadt einen Dogwalk. Dort werden Unmengen von Hunden herumgeführt – und die meisten dieser Hunde laufen nicht auf dem Boden herum, sondern werden getragen oder in kinderwagenähnlichen Gefährten herumgefahren. Und an den vier Füßen Nike-Schühchen." Wieder ein Schluck Cappuccino, dann: „Und diese Hunde bemerken noch nicht einmal die anderen Hunde. Keiner bellt. Völlig bizarr. Das sind gar keine richtigen Hunde mehr."

Der mit dem Anagramm schüttelt bloß lächelnd seinen Kopf. Pause.

„Und sonst?" Etwas unruhig rutscht der neue Gast auf seinem Stuhl hin und her und lugt quasi unauffällig zu anderen Gästen hinüber.

„Nichts Besonderes. Gelegentliche Reisen, viele Texte und so."

Dünne Schleierwolken schieben sich jetzt vor die Sonne, was das Dasein noch angenehmer macht. Etwas kühler. Und die Schatten gewinnen dadurch eine merkwürdige Unschärfe. Verlieren ihre Umrisse. Wahrscheinlich, wenn sie es bemerken würden, eine ziemlich depressive Situation für jeglichen Narziss. Verklärte Selbstbilder.

„Hörst du häufig Radio oder Podcasts?" Der Gast

kämpft nahezu, ein Gespräch zustande zu bringen. Warum sonst ist er hier.

Der Angesprochene nippt an seinem Wasser, lässt die Flüssigkeit für einige Zeit in seinem Mund kreisen, bevor er antwortet: „Sogar sehr gern. Meistens während ich schreibe. Das beflügelt. Außerdem höre ich am liebsten Sendungen zu Themen, die mich zuvor gar nicht interessiert haben. Die überraschen immer wieder mit wirklich aufregenden Neuigkeiten."

„Musik hörst du nicht?"

„Selten. Die suche ich mir lieber selber aus. Höre ganz altmodisch CDs."

Die Schleierwolken bleiben. Was, wenn man solch eine Logik unterstellen möchte, ihn zu einer nachdenklich klingenden Äußerung verführt: „Eigentlich müssten wir endlich versuchen, den Nebel als eigentliche Qualität des Lebens zu begreifen. Die damit produzierte Unschärfe. Das ist, was wir verstehen müssen. Diesseits langweiliger Logik und verlogener Definitionen."

„Wie bitte?"

„Ist doch nicht unversehens, dass Nebel von hinten gelesen Leben schreibt."

„Sorry, aber du redest ganz schön affektiert. Klingt alles so geistreich. Aber wozu?"

„Wenn du meinst. Ich habe nur keine Lust mehr auf diesen Kitsch von Adjektiven und allgemeinem Tiefsinn. Diese Attitüden von Lehrern, die stets fragen, was bei Texten oder Bildern dahinter liegt oder steht oder sich befindet. Dabei weiß doch jeder: die Wand oder der Fußboden oder der Tisch. Mehr nicht."

„Was hat das mit meiner Frage zu tun? Du quasselst hier herum, dass nur noch du selber das vielleicht verstehst. Vergiss es." Der mit dem blauen Jackett, zu dem übrigens noch eine helle Hose und ein gelbes Hemd gehören, schüttelt den Kopf:

„Alle wollen Adjektive, brauchen Eigenschaften. Sonst ist man nichts. Du redest einfach daher für Nichts und wieder Nichts. Das ist elitär."

Man hätte denken können, er würde angesichts dieser Herausforderung grübeln. Auf jeden Fall braucht die Antwort einige Zeit, die die beiden damit zubringen, der Sonne und den Wolken ihre Aufmerksamkeit zu widmen. In einiger Entfernung erneut Sirenen.

Als er antwortet, geschieht das allerdings ganz ruhig: „Kein Problem. Das ist okay, wenn du die Mehrheiten hinter dir weißt. Vielleicht sollte ich dich bloß einmal an Rousseau erinnern. Er hat den Konflikt benannt, der bis heute ungelöst ist. Eben zwischen dem Willen Aller und einem allgemeinen Willen. Wenn die Argumente klug sind, gleichwohl nicht von allen geteilt werden: Wer soll sich durchsetzen?"

„Aber die Mehrheit setzt sich durch. Da kannst du noch so viele Argumente vortragen."

„Schlimmer noch. Ich könnte Schopenhauer zitieren, der so dickköpfig geschrieben hat, du könntest zwar tun, was du willst, aber du kannst nicht wollen, was du willst. Ziemlich paradox."

„Das bringt nichts. Das bringt uns nicht weiter. Mich jedenfalls nicht."

Dann das Handy von dem mit dem blauen Jackett.

Free Jazz als Klingelton.

Der fingert es aus seinem Jackett, drückt vorne drauf und hält es an sein rechtes Ohr.

Irgendwer krächzt in dem Telefon, der Angerufene ruft ein „Was ist los?" dazwischen, wird ein wenig blass und kommentiert nur noch: „Ja, ich komme sofort".

„Hektik?"

„Sehr. Ich muss sofort weg. Irgendeine Katastrophe zieht durch Berlin. Wohl viele Tote und völliges Chaos."

„Ernsthaft?"

„Wenn die von der Redaktion das sagen, dann stimmt das. Ich haue ab, ich muss zum Sender. Und du solltest ebenfalls vorsichtig sein, denn das alles spielt sich hier in der Gegend ab."

Der dicke Bauch schiebt mit dem Rücken den Stuhl zurück, erhebt sich, streckt ihm schnell die rechte Hand hin, in der anderen noch das Handy: „Tut mir leid. Hätte gerne mit dir weitergeredet. So schön, dich endlich wiederzusehen. Und dann so was."

Beide rechte Hände drücken sich, sie sehen sich dabei an.

„Tschüss", der eine, und „Auf Wiedersehen" der andere. Der rennt weg, läuft tatsächlich, dreht sich jedoch noch einmal um und winkt.

Er winkt zurück und setzt sich.

Die Schleierwolken verziehen sich nicht. Nun ist es sehr ruhig um ihn herum. Die drei Männer in den Business-Anzügen sind schon vor einigen Minuten gegangen, noch davor die beiden Frauen mit den Pferdeschwänzen. Allein das Paar, das sowieso nicht miteinander spricht, trinkt weiterhin an der einen Flasche Mineralwasser und ist still.

Niemand ist neu hinzugekommenen, die Bedienung bleibt wohl lieber im Gebäude. Vielleicht widmet sie sich jetzt ihrem eigenen Essen.

Er beschließt, noch zu bleiben. Einfach dasitzen und träumen.

Gerade flitzt eine Katze über den Platz.

## Basta

In Hannover existiert tatsächlich noch heute ein Stadtteil, der „Hindenburg-Viertel" heißt; woran die Hannoveraner und Hannoveranerinnen nichts Besonderes finden, weil Hindenburg dort schließlich mal wohnte und weil sie dessen Gutsherren-Politik und katastrophale Bedeutung in der deutschen Geschichte noch immer nicht verstanden zu haben scheinen. Traditionell teure, sehr schöne alte Häuser des Klassizismus oder Jugendstils – und dazu noch ein paar meist recht schicke neuere Häuser. Lediglich einige wenige Straßen dort sind gesäumt von Häusern der fünfziger oder sechziger Jahre des 20. Jahrhunderts. Mittendrin das Kaiser-Wilhelm-Gymnasium sowie Stadthalle, Kongresshalle mitsamt kleinem Park und am Rand noch das alte Stadion von Hannover 96 sowie der Zoo.

Alles ein bisschen vornehm hier, soweit man diese Bezeichnung auf Hannover überhaupt anwenden kann. Immerhin findet man in diesem Viertel, ebenfalls etwas am Rand, ein wirklich sehr gutes Restaurant. Italienisch, obwohl es sich in ganz deutsch-patriotischer Geste „Hindenburg" nennt.

Es liegt an einer Straßenecke, bietet auch Sitzplätze draußen für den seltenen Fall schönen Wetters.

Nun begibt es sich genau zu der Zeit, da in Berlin so viel geschieht, dass sich zwei sehr männliche Wesen in diesem Restaurant verabredet haben.

Nämlich der Erzengel Gabriel, der einst Adam und Eva rücksichtslos die Rückkehr ins Paradies verwehrte, und andererseits ein Schrödinger, einst sehr einflussreich und apodiktisch, immer auch etwas gierig nach Ruhm.

In diesem Restaurant „Hindenburg" also treffen sich an diesem Tag und um diese Uhrzeit die beiden Herren. Schrödinger erreicht es als erster, ignoriert den Außenbereich – denn anders als in Berlin regnet es in Hannover –, öffnet die Eingangstür, schreitet hinein und wird recht begeistert im Restaurant begrüßt.

Man schüttelt ihm die Hand und bietet ihm in dem ohnehin noch keineswegs gefüllten Raum einen Tisch an.

Dort setzt er sich, mit dem Gesicht in Richtung Eingangstür.

Eine junge Frau kommt an seinen Tisch und räumt zwei Gedecke zusammen, denn es war für Vier gedeckt. So wird es nun zu einem Tisch für zwei Personen.

Schrödinger nimmt das offenkundig wohlwollend zur Kenntnis, wirkt keineswegs nervös, legt zuerst beide Hände auf das Tischtuch, hebt die linke etwas später, damit seine knallrote Krawatte zu richten.

Nach vielleicht fünf Minuten öffnet sich die Eingangstür, und ein anderer Mann betritt das Restaurant.

Schrödinger erhebt sich langsam von seinem Stuhl. Tatsächlich erscheint jener eiserne Engel Gabriel. Jeder würde ihn sofort erkennen. Der Anblick ist einzig.

Der Gabriel eilt – doch, den Eindruck schafft er – an den Tisch von Schrödinger. Der bewegt sich einige Schritte nach vorn. Dann begrüßen sie sich durch Umarmung und einige der üblichen Floskeln.

Das passiert im Stehen, und es braucht eine gewisse Zeit, bis Schrödinger mit einer minder eleganten Andeutung einer Verbeugung dem anderen den Sitzplatz ihm gegenüber anbietet.

Gabriel dankt, rumpelt seinen massigen Körper auf den Stuhl und bemüht sich, diesen mitsamt sich selber näher an den Tisch heranzurücken.

„Du warst noch nie hier?" Schrödinger offenbart eine angenehm tiefe Stimme: „Ich war hier sehr oft, als ich noch in der Nähe wohnte. So'ne Art privater Kantine für mich. Wenn auch auf höherem Niveau."

Gabriel ist noch mit sich selbst und dem Versuch beschäftigt, halbwegs plausibel zu sitzen.

Als dies geschafft ist, blickt er sich im Restaurant um, dreht etwas mühsam den Kopf nach hinten, sich umzuschauen.

Also, gleich nach der Eingangstür kann man sich entscheiden oder es wird für einen entschieden, nach rechts in den Raum zu gehen. Da existieren, seltsam für ein Restaurant und dennoch ganz attraktiv wahrscheinlich für Gäste, die alleine kommen, ein Tresen mit Barhockern und denen gegenüber nach einer Stufe ein runder Tisch mit einer Bank im Halbkreis und etwas entfernt weitere drei Tische. Wenn man anfänglich jedoch geradeaus geht, also in den Teil des Raums, wo die beiden Platz genommen haben, findet man auf der rechten Seite einen ziemlich langen Tisch für etwa zehn Personen und auf der linken Seite hintereinander aufgebaut vier oder fünf Tische für jeweils vier Personen oder auch für sechs.

So genau kann Gabriel das nicht sehen, denn ein Teil davon liegt direkt in Schrödingers Rücken.

Und die Einrichtung? Etwas bieder, soll gewiss jedoch vornehm wirken. Die Kronleuchter an der Decke sprechen Bände.

Bevor Gabriel nach diesem Rundblick antworten kann, steuert mit wedelnden Händen ein ziemlich klein gewachsener und schon etwas älterer Mitarbeiter oder von der Attitüde her sogar der Chef des Hauses ihren Tisch an.

Wirklich, der sieht aus wie ein kleiner Petrus, strahlt über das ganze Gesicht, als ob er die beiden gleich taufen wollte.

Stattdessen klopft er Schrödinger sanft auf dessen linke Schulter.

Worauf dieser regelrecht fröhlich ruft: „Pierino, toll, dich wiederzusehen. Tutto bene?" – Offenbar liebt der es, in italienischen Restaurants sein bisschen Italienisch anzubringen.

Eine Stimme mit leicht italienischem Akzent verlautet: „Endlich wieder Schrödinger bei uns. Der fehlt uns. Sonst alles perfetto. Das Geschäft läuft."

Während Gabriel, man erkennt das an seiner Miene, sich etwas abseits fühlt, legt Schrödinger nach: „Gut.

Sehr gut. Und nun: Was sollen wir heute essen? Mangiare."

„Vorweg unser berühmtes Carpaccio", Petrus wendet sich damit an Gabriel: „Das Beste, das es gibt. Frisch zubereitet aus frischem Fleisch, nicht tiefgefroren, dazu Parmiggiano und Olivenöl aus Sardegna."

Die Augen wandern zurück zu Schrödinger: „Als zweiter Gang – ihr müsst das probieren – Spaghettini mit Trüffeln." Dabei schmatzt er fast und stört sich keineswegs an diesem kleinen Sprachfehler.

Schrödinger schmatzt gleich mit, der dicke Erzengel artikuliert durch sichtbare Aufmerksamkeit ebenfalls sein Interesse.

„Notfalls bloß eine halbe Portion Spaghettini. Als Hauptgang Zander, leicht überbacken mit einer sehr leckeren Kruste, oder unser traditioneller Steinbutt. Den gibt's nur für Zwei."

Petrus reibt sich die Hände und strahlt in die kleine Runde.

Klar, zaudern werden die beiden nicht. So, wie die aussehen. Insbesondere angesichts von Gabriel muss man sich eingestehen, dass der seit jener Zeit der Vertreibung aus dem Paradies diese heftig kompensiert und demgemäß beträchtlich zugenommen hat; derweil erreicht er nahezu das Format einer einst sehr bekannten Werbefigur für französische Autoreifen.

Nach lediglich sehr kurzer Konversation zwischen Gabriel und Schrödinger wird entschieden, alle drei Gänge zu bestellen, und selbst die Entscheidung zwischen Zander und Steinbutt produziert keinerlei Problem: Der Steinbutt wird geordert.

Zufrieden macht sich der kleine Petrus auf den Weg zur Küche, die Bestellung aufzugeben. Doch nach wenigen Schritten dreht er um und fragt nach: „Dazu den üblichen Wein und eine Flasche lautes Wasser?"

Schrödinger entscheidet ohne Nachfrage, nickt und wendet sich, während der Italiener vorläufig endgültig in der Küche verschwindet, Gabriel zu: „Siehst gut aus. Wohl genährt. Gar kein Stress?"

Der Gabriel betrachtet etwas befangen das Besteck und die Serviette, die vor ihm liegen, und antwortet erst einmal nicht. Stattdessen nimmt er sich ein Stück von dem leicht gerösteten Weißbrot, das eine Mitarbeiterin des Restaurants geradezu unmerklich in einem kleinen Metallkorb auf ihren Tisch gestellt hat.

Gabriel bricht das Brot mit beiden Händen in kleinere Stücke, schiebt eines davon mit der rechten Hand in seinen Mund und knabbert darauf herum: „Schmeckt gut. Habe auch Hunger."

Schrödinger grinst, ignoriert das Weißbrot: „Nun sei nicht gleich genervt. Es ist doch sehr schön hier. Früher saß ich mindestens einmal in der Woche an diesem Platz. Immer an diesem Tisch. Klar, damals mit meiner Ex-Frau und den Kindern. Das Essen nämlich ist wirklich vorzüglich."

Gabriel setzt ein ziemlich bemühtes Engelsgesicht auf: „Schön, dich mal wiederzusehen. Zumal du sehr entspannt wirkst."

„Klar. Endlich habe ich Zeit, mich so zu entfalten, wie ich selber das will."

„Sogar in den Medien kommst du kaum noch vor. Gut für dich. Oder kränkt dich das?"

Der Wein wird serviert. Von Petrus selber. Der etwas mühselig oben mit einem Messer die Kappe entfernt und einen Korkenzieher an der richtigen Stelle platziert.

Gabriel fragt nach, was für ein Wein das sei, und erhält die Antwort: „Aus Südtirol."

Der Italiener lacht: „Ich weiß, Wein aus Südtirol kommt in Deutschland immer noch nicht gut an. Klingt nach billigem Stoff." Er kann sich kaum einkriegen: „Dieser ist ganz anders. Fantastisch für mittags. Leicht und mit einer guten Säure."

Zwei der Weingläser werden halbvoll gefüllt, zusätzlich wird Wasser in die dafür vorgesehenen Gläser gegossen.

Beide trinken, während sie sich gegenseitig beobachten, einige Schlucke von dem Wein. Wobei Schrödinger demonstrativ zuerst am Wein schnuppert und ihn aufwändig in seinem Mund herumrollt, bevor er schluckt.

Und anerkennend nickt: „Der ist klasse, wirklich total großartig."

Bevor Gabriel sich äußern kann, kommt das Carpaccio. Eine gute Gelegenheit, sich abzulenken. Zumal es sehr lecker aussieht, frisch, nicht so abgestanden wie in manch anderem Restaurant.

Der Erzengel gießt sich noch etwas Olivenöl darüber, das er dann mit dem Weißbrot ein wenig aufsaugt und dieses jetzt triefende Stück in seinen Mund schiebt und genüsslich kaut.

Auch Schrödinger knabbert mit sichtbarem Genuss auf den saftigen hauchdünnen Filetscheiben herum. Dazu artikuliert er ein „Hm", das gewissermaßen authentisch klingt.

So essen sie, reden nicht, nehmen gelegentlich einen Schluck vom Wein oder auch vom Wasser und schaffen diese Vorspeise binnen weniger Minuten.

An einem anderen Tisch schreit jemand auf. Eine Frauenstimme kreischt: „Du Schwein. Dann splittert ein Glas, gleich noch eins.

Petrus zischt gleich hin und beruhigt. Also wieder Stille.

Nach einer Weile des Schweigens, hebt Schrödinger, während gerade abgeräumt wird, erneut an: „Ganz schöne Show, die ihr da in Berlin bietet." Dabei wischt er sich mit der Serviette über den feisten Mund und trinkt schon wieder vom Wein.

„Was soll das denn heißen? Bitte lass uns etwas vernünftiger miteinander reden. Für Späße bin ich wirklich nicht aufgelegt."

„Naja, ihr habt doch genau diese Situation: eine Katze, die zugleich tot und lebendig ist. Was es bekanntlich im Makrokosmos gar nicht geben kann, wohl aber und ausschließlich im Mikrokosmos." Er lächelt aufdringlich: „Und, wie man sieht, in der Politik."

Kurze Pause, jeweils ein weiterer Schluck vom Wein: „Du redest Unsinn. Wovon sprichst du überhaupt?"

„Na, von deinem Über-Engel. Nichts Halbes und nichts Ganzes. Mal Hüh, mal Hott. Und dazwischen große Verwirrung."

Zur Eigenart von Gesprächen beim Mittagessen gehört, dass die Plauderei immer wieder unterbrochen wird.

So auch hier. Denn vor jeden der beiden wird ein Teller mit Spaghettini platziert, zugleich eilt der kleine Petrus herbei, in der linken Hand eine Metallplatte und in der rechten, wie sich gleich herausstellen wird, einen Trüffel.

Schon hält er die Metallplatte über den ersten Teller und wirbelt mit dem Trüffel darauf herum, so dass feine dünne Scheiben auf die Nudeln geradezu spritzen.

Nach einer Weile wechselt er zum zweiten Teller, wirbelt noch einmal, hält nach einiger Zeit inne und schaut die beiden Gäste verschmitzt an.

Beide nicken verständig, und gleich legt er für beide Teller noch einmal nach. Jetzt sind die Spaghettini jeweils bedeckt mit einer dicken Lage Trüffel.

Logisch, das duftet unglaublich – oder, so würden vielleicht manch andere meinen, penetrant. Auf jeden Fall machen sich die beiden, ohne ein weiteres Wort zu verlieren, über die Pasta her.

Was einige Zeit kostet. Erst, als sie alles verzehrt haben, äußert sich Gabriel: „Das ist nicht zu glauben. So schmackhaft. Habe ich so gut noch nie gegessen. Beeindruckend."

Schrödinger leckt sich mit der Zunge, was nicht gut aussieht, die Lippen ab und stolpert so in den nächsten Satz: „Gibt es so nirgendwo sonst. Anderswo bekommst du niemals so viele und so gute Trüffel. Vielleicht noch in Turin oder in Frankreich. Aber nicht in Deutschland. Und schon gar nicht in Hannover."

Beide trinken, diesmal Wasser.

Ersichtlich wartet Schrödinger auf weitere Wörter von Gabriel. Als diese nicht auftauchen, setzt er fort: „Das mit der Katze ist wirklich ein Paradoxon. Da denkt man, sie lebt, und sieht in demselben Moment, sie ist tot.

„Ist doch mit den Trüffeln dasselbe. Die sind eigentlich tot, liegen schon im Lager, fein abgepackt. Und dann essen wir sie, und sie werden lebendig."

Schrödinger wirkt bei diesen beiden Sätzen ziemlich selbstgefällig.

„Nicht schlecht. Aber zugleich?" – „Und ich rede von Berlin. Und biete dir dazu ein tolles Anagramm: kam lange leer."

„Und das heißt?"

„Musst du selber herausfinden. Aber hat mit Berlin zu tun und mit deiner Situation."

„Tut mir leid, aber deinen Zusammenhang mit Berlin begreife ich nicht." Gabriel blickt diskret auf seine Uhr am linken Handgelenk. Nichts Besonderes.

Schrödinger zuckt mit dem Kopf: „Euch kann bestenfalls noch die Quantenmechanik verstehen, zum Beispiel jene Behauptung, es gäbe keine Kausalität. Stattdessen bloß noch Assoziation." Süffisant setzt er hinzu:

„Und genau die schafft ihr nicht."

„Gib zu: Du spinnst." Der eiserne Engel schüttelt sich: „Wir haben wirklich andere und wichtigere Probleme."

„Genau. Viel zu viele. Aber ihr müsst die endlich einmal verstehen. Und dann auch noch lösen."

„Ich weiß, alle fahren auf Ergebnisse ab. Und die haben wir schon geliefert. Gib das doch endlich zu." Gabriels rechte Hand klammert sich merkwürdig verkrampft um den Griff des Messers, das direkt rechts vor ihm liegt.

Schrödinger, der das offenkundig gar nicht mitbekommt, ereifert sich nun: „Mann, du kannst doch nicht immer noch allen den Weg zum Paradies versperren. Du solltest den Weg dazu öffnen. Und das mit Getöse."

Das Messer zittert, aber dann löst Gabriels Hand sich davon: „Hör auf. Ausgerechnet du. Du hast doch bloß immer so getan, als ob du etwas getan hättest. Und dann Basta geschrien. Ansonsten habt ihr alle sozialen Bedingungen ruiniert. Du mit den Grünen. Ihr habt das Paradies mit einer Mauer umgeben." Das Messer gerät noch einmal in seine rechte Hand: „Mitten in Berlin. Eine Mauer nur zum Schutz der reichen Leute. Nichts anderes habt ihr produziert."

Schrödinger hebt den rechten Arm ein wenig bedrohlich in die Höhe, stoppt diese Aktion jedoch und ergreift stattdessen das Weinglas: „Ihr sitzt ja im Bundestag und nicht im Armenhaus." Er lacht demonstrativ und räumt dann ein: „Ist ein Zitat. Eines aus der ‚Anstalt'."

Womöglich glücklicherweise interveniert in diesem Moment der kleine Petrus, klappt neben ihrem Tisch einen weiteren auf. Darauf eine Platte mit Fisch.

Petrus zerlegt diesen, befördert die einzelnen Stücke auf zwei Teller, auf denen er diese vermeintlich attraktiv anordnet. Dazu legt er Gemüse mitsamt kleinen Kartoffeln.

Deutlich stolz betrachtet er sein Werk, dann stellt er mit großer Geste die beiden Teller vor die Gäste und wünscht ihnen auf Italienisch einen guten Appetit.

Die beiden Gäste mögen, dies ist spürbar, nicht allein die Unterbrechung, vielmehr ebenfalls das Essen. Sie lächeln sich sogar zu, jeweils Messer und Gabel in den Händen.

Doch, das muss man den beiden lassen, sie scheinen zu wissen, wie man genießt und dass man genießen sollte. Wenn überhaupt, dann hört man in diesem Augenblick lediglich auf beiden Seiten die leise Bewegung von Zähnen, Zungen und Gaumen.

Wobei sie vielleicht von der Einsicht beflügelt sind, dass gutes Essen neue Gedanken freisetzt und zugleich berechtigt die sprachliche Artikulation reduziert. Mithin muss sich in solcher Situation niemand dafür entschuldigen, schweigsam zu sein.

Als erster hat Schrödinger alles aufgegessen, seinen Teller tatsächlich vollständig geleert. Und noch bevor der andere den letzten Bissen in sich hineingestopft hat, redet er schon wieder los: „Also: Ist die Katze nun tot oder lebendig? Und was machst du dabei? Und die, die du vertrittst?"

Gabriel schluckt den letzten Bissen hinunter und reagiert: „Das ist fürchterlich kompliziert. Mach es dir doch nicht zu einfach. Wir sind nicht die stärkste Fraktion. Also müssen wir Zugeständnisse machen. Ständig. Sonst platzt die Koalition."

„Seid ihr verrückt? Euch nimmt doch inzwischen niemand mehr ernst. Tiefstand sondergleichen. Ihr müsst was tun. Und vor allem eure Besonderheit und Kraft nach außen darstellen. Sonst verliert ihr noch mehr. Eine Katastrophe."

Gabriel sieht auf jenes Messer, das nun benutzt und entsprechend verklebt auf dem Teller liegt, der vor ihm steht. Dann holt er tief Luft, was seinen Körper noch gewaltiger präsentiert und zugleich seine Sitzposition am Tisch noch unglücklicher aussehen lässt: „So. Und du als lahmer Mitläufer der Zaren. Ist das immer noch dein Vorbild, dein Freund? Schau dir doch die lächerliche Machtpolitik von dem an. Und dazu passend dessen widerliche Außenpolitik. Du als dessen Apologet, und dann dich hier so aufzuspielen! Du hast längst verspielt."

Schrödinger lehnt sich in seinem Stuhl zurück, ergreift das Weinglas und scheint für einen Moment zu überlegen, ob er es werfen sollte.

Aber dann sagt er nur ganz simpel: „Du bist und bleibst ein Trottel. Schon damals, wie dumm warst du, dich vor das Paradies zu stellen. Und wie dumm bist du heute, nur noch paradoxe Politik zu betreiben. Lächerlich bist du."

Der Erzengel erhebt sich auffallend mühsam und langsam aus seinem Stuhl, strafft sich und schreit dann fast heraus: „Dann zitiere ich einmal Schrödinger, seinen großen Satz von der strukturellen Mannigfaltigkeit. Du redest nämlich nur und tust gar nichts. Oder: Wenn du etwas tust, dann nur Mist."

Langsam erhebt sich Schrödinger ebenfalls aus seinem Stuhl. So stehen sich die Beiden auf eine recht geringe Entfernung gegenüber.

In diesem Augenblick saust der kleine Petrus schnell herbei mit zwei schmalen, aber bis zum Rand gefüllten Gläsern: „Stopp. Bevor ihr beiden euch die Köpfe einschlagt, hier für jeden von euch den besten Grappa. Trinkt lieber und prügelt euch nicht." Gewiss, Petrus vertritt stets den Ausgleich, die Versöhnung.

Durchaus nervös, gleichwohl abgelenkt, lachen die drei. Trinken jeweils auf einen Zug und setzen sich. Allerdings mit immer noch etwas verzerrten Mienen.

Theoretisch könnte man nun noch über ein Dessert diskutieren. Aber da tritt eine andere Störung in die Situation, denn im hinteren Raum des Restaurants ruft jemand laut: „Leute, habt ihr das gehört? In den Nachrichten? Da gibt es in Berlin ein Blutbad. Das muss schrecklich sein. Wird gerade berichtet."

Aufregung durchweht das Restaurant. An einem Nachbartisch klappt jemand eilig seinen Laptop auf, wischt darauf herum und spielt nun laut, so dass alle es hören können, die Nachrichten noch einmal vor: „In Berlin", so die sonore Stimme des Nachrichtensprechers, „soll es gerade ein fürchterliches Blutbad gegeben haben oder noch geben. Tumult auf der Kantstraße. Da bewegt sich, so die Informationen, ein schrecklicher Protestzug, der alles zerstört." Eine kurze Pause, dann die Fortsetzung: „Die Polizei meldet gerade, dass sie nun mit Wasserwerfern, Tränengas und sogar Schusswaffen dagegen einschreiten wird. Bisher ist nicht bekannt, ob und wie viele Tote und Verletzte es gibt und wie beträchtlich der Schaden sein wird. Noch herrscht völlige Verwirrung. Wir werden Sie auf dem Laufenden halten."

„Scheiße", Gabriel ist auf seinem Stuhl zusammengesunken, „auch das noch."

Im Restaurant ist es sehr laut geworden, alle reden aufgeregt durcheinander. Nur Schrödinger leert ganz ruhig sein Weinglas.

Der Erzengel hingegen brüllt: „Ich brauche ein Taxi. Jetzt, sofort. Zum Flughafen." Und zu Schrödinger gewandt: „Ich habe extra meinen Fahrer weggeschickt. Wollte nicht, dass jemand weiß, dass wir uns hier treffen."

„Blöd gelaufen." Schrödinger bleibt demonstrativ gelassen.

Während Gabriel fast behend aufspringt, sich schnell

vergewissert, ob man ein Taxi gerufen habe, und dann, ohne sich zu verabschieden oder auch nur sich noch einmal umzudrehen, zur Tür und dann nach draußen läuft.

## Postulate

Nein, noch keine neuen Nachrichten aus Berlin. Vielmehr streben wir zeitlich nahe an den Anfang zurück, bleiben also zeitgleich.

Denn in diesem Moment begibt sich in der Innenstadt von Köln ein sehr wunderliches Ereignis.

Dort, nicht weit vom Neumarkt einerseits und vom Rudolfplatz andererseits entfernt, thront eine der für diese Stadt so wichtigen romanischen Kirchen. Steht St. Aposteln.

Doch, die romanischen Kirchen werden von den in Köln lebenden Menschen an und für sich weit mehr geschätzt als der Dom. Ist dieser doch viel jünger, gotisch statt romanisch. Und dann erst wirklich preußisch zu Ende gebaut.

Das liegt denen in Köln nicht. Der Dom, der schon von außen betrachtet so unerbittlich nach oben strebt, grundlegend nicht irdisch auftritt, pathetisch und herrschaftlich dasteht: Der zieht Touristen an, aber nicht so sehr die Kölner.

Die romanischen Kirchen hingegen sind Teil der Nachbarschaft, eingebaut in lebendige Umgebung. Dazu rund, kugelig. Kein pompöser und gewaltiger Eingang, dafür fast verborgene Türen, die man erst einmal finden muss.

Dies gilt umso mehr für die Apostelnkirche. Auf der einen Seite in Richtung Neumarkt direkt eingebunden in die Hektik alltäglichen Getümmels, umgeben von einigen Geschäften; dasselbe Bild rechts davon, parallel zur Hahnenstraße, wo lediglich einige einschlägige Häuser aus den 1950er Jahren, unten Geschäfte und darüber Wohnraum, die Kirche halbwegs vom wirklich lauten Verkehr ablenken.

Häuser, die übrigens – recht typisch für diese Stadt – der katholischen Kirche gehören, die dementsprechend im Blickwinkel über ihnen residiert.

Gegenüberliegend einer der Eingänge dieses himmlischen Gebäudes, verwinkelt sich abzweigend von einer lebendigen Fußgängerzone mitsamt Kaffeehäusern, die auch im öffentlichen Raum Sitzgelegenheiten bieten.

Und dann dieser traumhafte Platz an einem der beiden Kirchtürme, hart und bloß dekorativ gepflastert, aber mit schönen Bäumen, die wunderbare Schatten bilden.

Auf diesem Platz findet zweimal in der Woche ein Bauernmarkt statt, der viele Menschen anzieht. Dazu an der Ecke der Hahnenstraße ein Bistro mit Stühlen und Tischen auf dem Platz, sich zu setzen, gut zu speisen und zu trinken, die Menschen und die Kirche zu beobachten, zu träumen.

Dazu die wuchtigen Töne vom Glockenturm, alle fünfzehn Minuten und zur vollen Stunde sehr gewaltig. In der Tat, dies lädt ein, sich jenseits von Deutschland zu denken und südliche Gefilde zu imaginieren.

Nun begibt sich in diesem Augenblick auf diesem Platz vor der zweiten Tür der Apostelnkirche, dass sich – Markt ist heute nicht – einige Menschen versammelt haben.

Ja, die Sonne leuchtet auch in Köln an diesem Tag um die Mittagszeit. Und die Menschen, die hier herumstehen und miteinander schwatzen, schwitzen sicherlich in ihrer für solch einen Platz erstaunlich angestrengten Garderobe.

Einige Limousinen fahren vor. Das geht, obwohl der Platz eigentlich für Autos gesperrt ist. Irgendwelche Leute verfügen offenbar über Schlüssel, die sperrenden

Poller flachzulegen.

Schwarze Limousinen. Weitere Menschen steigen aus und gesellen sich zu den anderen.

So stehen die Menschen in der Nähe des Eingangs zur Kirche herum und plaudern, was man so plaudert, wenn man herumsteht in Köln. „Sie auch hier", „Immer noch dasselbe Auto?", „Ja, die Eifel ist so schön", „Wie, Sie kommen aus Düsseldorf?", „Immer dieses lange Warten", „Oh, welch schönes Kleid", „Nein, ich mag diese neue Oberbürgermeisterin überhaupt nicht", „Und jetzt ein Kölsch", „Ach, das Leben kann doch so schön sein" und so weiter.

Zwischendurch passieren andere diese Szenerie. Einige bleiben kurz stehen und beobachten die Situation, fragen sich wohl gegenseitig, was das denn werden wird.

Andere blicken verstohlen dorthin. Eine nicht sehr groß gewachsene, doch elegant aussehende Frau mit knallroten Haaren spaziert über den Platz und lächelt angesichts der vielen Leute. Und ein Bettler mit tief gebeugtem Rücken schüttelt einen kleinen Pappbecher, nähert sich jener Gruppe und spricht bloß etwas gebrochen: „Bitteschön. Bitte sehr."

Er wird von allen abgewiesen. Die Sonne beleuchtet den Platz weiterhin, die Platanen auf ihm spenden den jetzt durchaus erwünschten Schatten, und alle warten auf irgendetwas.

Neue Aufregung entsteht. Mit etlichen Gebärden dirigieren vier Menschen ein großes Auto mit Anhänger rückwärts in die Nähe des Kircheneingangs. Sie bitten die Menschen, die Durchfahrt zu ermöglichen, winken immer wieder dem Fahrer des Autos mit Anweisungen, wie er dieses bewegen soll. Der Anhänger voerneweg.

Ein ziemlich hoher Anhänger, aber relativ schmal. Aus dessen Innerem ertönen recht harte Schläge gegen den

Boden und die Seitenwände.

In immer noch einiger Distanz zum Eingang der Kirche, doch inmitten der vielen Wartenden, hält das Auto mitsamt Anhänger auf einmal an. Kurz darauf öffnet sich die Tür des Fahrers, steigt dieser aus und schreitet – anders kann man es nicht beschreiben – zu der der Kirche zugewandten Rückseite des Anhängers.

Neugierig stellen sich viele der Anwesenden in dessen Nähe und sehen, wie der Fahrer an der Rückseite zwei Balken entfernt und einen großen Hebel umlegt. Der obere Teil der Rückwand bewegt sich in Richtung Kirche und wird so, als die Spitze den Boden erreicht hat, zu einer Rampe.

Von Innen ertönen weiterhin die harten Schläge an die Wände des Anhängers.

Nun klettert der Fahrer über die Rampe in den Anhänger hinein, zugleich werden die stampfenden Schläge von drinnen noch lauter und redet der Fahrer scheinbar laut vor sich hin.

Dann zieht er zur Überraschung aller einen Esel oder ein eselähnliches Tier aus dem Verschlag.

Alle staunen, auch Unbeteiligte, die einfach vorbeigehen wollten, bleiben abrupt stehen und trauen ihren Augen nicht. Ein Esel. Mitten in Köln. Vor der Kirche.

Klar, der Esel spielt verrückt angesichts so vieler Menschen und nach solcher Reise. Er zerrt an der Leine, die der Fahrer in der Hand hält und mit der er versucht, den Esel zu kontrollieren. Der aber schlägt mit den Hufen so kräftig auf das Pflaster, dass wahrhaftig Funken sprühen.

Er bewegt sein Hinterteil nach links und nach rechts und weigert sich, nach vorne zu kommen. Eben ein Esel. Lese Esel.

Die Menschen drumherum wirken aufgeregt und verdutzt, zischen beispielsweise: „Was soll denn das?", „Das arme Tier", „Wie exotisch", „Was machen die da?" Und so ähnlich.

Der Esel versucht noch immer, hin- und herzuspringen, verhält sich bockig, obwohl er bekanntlich kein Bock ist. Ihn zu kontrollieren, ist nicht einfach.

Es braucht wirklich etliche Minuten, bis der Fahrer, der sich derzeit als Führer des Esels betätigt, diesen durch viele Wörter und zusätzlich harte Attacken mit der Leine etwas zur Ruhe bringt. Der Esel steht nun einfach da. Fast wie ein Denkmal oder Monument.

Genau in diesem Augenblick – nachträglich werden sich einige wahrscheinlich sogar einbilden, dies habe den Esel so beruhigt – tritt der Priester aus der Eingangspforte heraus und auf die dort immer noch Wartenden und den Esel zu. Und er spricht, zwar nicht so sonor, wie man es sich bei einem Priester gelegentlich wünschen würde, gleichwohl, er spricht: „Sehr verehrte Anwesende, liebe Gemeinde. Ja, ich verstehe, dass ihr euch gewiss wundert über die Anwesenheit des Esels bei dieser Zeremonie."

Eine gezielte Kunstpause des Priesters lockt gewissermaßen selbstverständlich die Leute, näher an ihn und damit übrigens auch an den Esel heranzutreten und zu lauschen.

Selbstgefällig nimmt der Priester dies zur Kenntnis, rückt demonstrativ sein aufwändiges Gewand in zusätzliche Falten: „Ja. Dieser Esel, so wurde mir von den Taufpaten des großartigen Kindes, das ich heute taufen werde, vorgeschlagen, symbolisiert die soziale Kraft unserer Kirche. Was ich sofort unterstützt habe. Ist doch Jesus Christus unser Herr einst auf einem Esel in Jerusalem eingetroffen. Das ist großartig. Ein solches Bild heute hier."

Noch einmal richtet sich der Priester auf und legt noch einmal Teile seines Gewandes in neue Falten.

„Ach so", „Wie wundervoll", „Sie haben ja so recht", rufen die Leute, die allesamt mal den Priester und mal den Esel bewundern.

Begeisterung übrigens auch auf den hinteren Rängen, also bei denen, die eigentlich dort auf dem Platz oder in dessen Nähe nur herumspazieren. Man applaudiert sogar.

Nur der Esel scheint nicht zu verstehen. Er steht einfach da. Rührt sich nicht mehr. Gibt keinen Ton von sich, noch nicht einmal jenen berühmten Ruf, den alle so gern imitieren.

Dabei warten wahrscheinlich die Leute genau darauf, also auf eine enthusiastische Äußerung des Esels, Teil solch einer fantastischen Inszenierung zu sein. Geradezu vorauszuschreiten, diesem Kind eine neue Welt im Verlauf der Kirche zu eröffnen.

Aber nein. Der Esel steht stumm da. Schlimmer noch: Er schreit nicht, er seufzt jetzt. In einem Ton, den man von einem Esel niemals erwartet hätte. Und: Er fällt um. Wie vom Blitz getroffen. Einfach so. Plötzlich. Dramatisch. Tragisch.

Das dauert wenige Sekunden. Da liegt er am Boden. Auf der linken Seite, die Beine von sich gestreckt. Tonlos und bewegungslos.

„Ist er tot?", fragt ein kleines Mädchen in einem bunten Kleid, das von einem älteren Mann an der rechten Hand festgehalten wird.

„Schau nicht hin", knufft der und zieht die Kleine beiseite.

Auf jeden Fall steht der Esel nicht wieder auf. Der ist einfach tot und liegt genau so da, wie er liegen würde, wenn er tot wäre.

Entsetztes Gemurmel breitet sich unter denjenigen aus, die sich vor dem Kirchenportal versammelt haben. Einige gucken eifrig zu dem toten Tier, andere rennen weg.

Eine Frauenstimme schreit, irgendwo hört man Weinen.

Da jagt der, der den Esel an der Leine hielt, zu dem Anhänger, auf dem der Esel transportiert worden war, kramt eine etwas verrottete graue Decke heraus, läuft damit zu dem toten Esel und breitet die Decke mit einem gezielten Wurf über dessen Körper aus. Nun liegt da lediglich noch ein grauer Haufen. Vom Esel sind gerade noch zwei Hufe zu sehen.

Das Baby, das getauft werden soll, jammert schrecklich. Zumindest dringen trostlose Schreie aus dem so besonders geschmückten Kinderwagen.

Doch jetzt greift der Priester ein. Er hebt seine beiden Arme in Kopfhöhe, breitet so sein Gewand aus oder plustert sich in dieser Pose auf und beginnt laut zu rufen: „Jesus lebt!", gefolgt von mehreren „Pacem! Der Friede sei mit euch".

Immerhin bewirkt er damit, dass alle oder wenigstens die meisten ihren Blick von dem grauen Haufen lösen und auf den Priester richten.

Aus der Kirche strömt, wie bestellt, der kräftige Ton einer Orgel durch die nunmehr geöffnete Eingangstür.

Tatsächlich und als sei nichts geschehen formiert sich die große Menschengruppe, ordnet sich zu einer – zugegeben, dies Bild ist sehr unpassend an dieser Stelle, gleichwohl einleuchtend – langen Schlange, die dem Priester und hinter diesem dem Kinderwagen mit dem zu taufenden Baby und wiederum dahinter einem Mann und einer Frau, vermutlich den Eltern, folgt.

Na gut, die Schlange kommt nicht umhin, sich an dem grauen Haufen vorbeizudrücken, der einmal ein lebendiger Esel oder dergleichen war. Nur wenige sehen hin, und nur einige der kleinen Kinder weinen noch.

So zieht man in die Kirche ein, voran der Priester, immer noch mit erhobenen Händen und jetzt mit einigen lateinischen Floskeln auf den Lippen.

Die Orgel donnert, und allmählich versammelt man sich in jenem Vorraum der Kirche, in dessen Mitte das Taufbecken strahlt.

Der Priester baut sich neben diesem auf, der Mann und die Frau, die wahrscheinlich die Eltern darstellen, verneigen sich und bücken sich danach, wohl um das Kind aus dem Wagen zu heben, damit es getauft werden kann.

In diesem Moment rastet die Orgel völlig aus, explodiert in unfassbar lauten Disharmonien und Dissonanzen und fegt die Töne wild durch den Raum.

Entsetzt lässt der Priester seine Arme fallen und verstummt. Erschrocken rennen die Menschen durcheinander, lamentieren, orientieren sich zum Ausgang. Und wirklich fürchterlich, schier unmenschlich, brüllt jenes Kind, das getauft werden soll.

Der Mann und die Frau, die sich wie die Eltern des Kindes verhalten haben, rütteln an dem Kinderwagen und schimpfen: „Was ist hier los. Zum Teufel. Sind in dieser Kirche alle durchgeknallt?"

Die Orgel schmettert weiterhin rüde Geräusche in die Welt, der Priester, man sieht gerade noch sein flüchtiges Gewand, ist abgehauen, im riesigen Kirchenschiff verschwunden.

Das Kind brüllt weiter, wie von der Tarantel gestochen, und wackelt heftig in dem Wagen.

Rasant leert sich der Vorraum, drängen die Menschen nach draußen auf den Platz, wo sie dann in alle Himmelsrichtungen auseinanderlaufen. Nur weg von dieser Kirche, von der Orgel und von diesem, anderes kann man nicht vermuten, schrecklichen oder sogar verteufelten Kind.

Auch dessen Eltern laufen, sie zieht immerhin noch den Kinderwagen mitsamt dem Baby, das so entsetzlich schreit, hinter sich her. Dabei stolpert sie, fällt auf den Boden, wirft den Kinderwagen um.

Offenkundig das Zeichen, auf das die Orgel oder jene Person, die sie gespielt hat, gewartet hat. Denn mit einem grausamen Schlussakkord wird das Spiel eingestellt. Schweigen. Das Licht aus.

Allein der graue Haufen bleibt liegen und verduftet nicht.

## Durch die Mitte

„Berlin im Aufruhr", „Die Horde metzelt und mordet", „Das Grauen nimmt kein Ende", „Ausnahmezustand".

Wir sind zurück in Berlin. Mittlerweile hat es sich überall herumgesprochen, sind die Medien in Aufregung und offenkundig alle Polizeikräfte inklusive der Bundespolizei alarmiert.

Zumindest macht es den Eindruck. Nur die Fernseh- und Internet-Sender verfügen immer noch nicht über brauchbare Bilder. Denn in die Kantstraße kommt man nicht mehr rein. Sie ist in der ganzen Länge okkupiert von jenem brutalen Aufmarsch.

Das einzige, was derzeit einige der Sender geradezu verzweifelt anbieten, sind Interviews. Mit Betroffenen, die zumindest angeblich der Gefahr entkommen sind.

So sieht man etwa einen großen jungen Mann mit einem zerrissenen T-Shirt, der vor der Kamera weint: „Furchtbar. Es ist einfach furchtbar. Und ich weiß nicht, wo mein Freund geblieben ist." Ein tiefer Schluchzer, dann die Fortsetzung: „Plötzlich waren sie da. Rollten über uns hinweg. Einfach so. Furchtbar."

Einem anderen Sender hält eine ältere Frau ihre blutige linke Hand vor die Kamera und kreischt dazu: „Da. Sehen sie! Ich bin verwundet. Das waren die!"

Mehr aber haben die Medien noch nicht zu bieten. Doch im Hörfunk kann man nun auf allen Sendern zur gleichen Zeit den Erzengel hören. Pathetisch wie immer und, als sei er in Berlin anwesend – dabei befindet er sich doch noch im Taxi auf dem Weg zum Flughafen Hannover: „Ein Albtraum. Das ist wirklich entsetzlich. Und viele haben schon unter diesem Erdbeben gelitten." Er holt tief Luft, man kann das hören: „Doch ich versichere Ihnen: Wir werden handeln. Wir werden die Ordnung wieder herstellen. Keiner, wirklich niemand, kann uns verunsichern. Die Polizeikräfte sind auf dem Weg und werden das Chaos beenden." Dann noch einige weitere Sätze, jedoch nicht mehr viele, denn sonst würde man eventuell die Distanz hören, aus der er anruft.

Etwas später auf allen Sendern dasselbe Bild oder wenigstens derselbe Ton. Denn der weibliche Engel, die Kontrahentin des Gabriel und zugleich die Einflussreiche und Mächtige des Landes, tritt auf. In schwarzer Hose und grünem Jackett, das ihre Flügel verhüllt. Sie macht ein sehr ernstes Gesicht, blickt düster drein, nicht so verschmitzt wie sonst manchmal, wenn auch nicht wirklich oft.

Kamera an: „Liebe Mitbürgerinnen und Mitbürger. Ich weiß, der heutige Tag ist für unsere Hauptstadt und damit für das ganze Land ein schwarzer Tag. Aus heiterem Himmel sind wir überfallen worden. Terroristen versuchen, die Macht zu übernehmen." Sie verzieht keine Miene, wehrt bloß mit der rechten Hand ein Mikrofon ab, das sich allzu sehr ihrem Mund nähert: „Aber ich versichere ihnen: Wir haben alles im Griff. Niemand kann uns wirklich bedrohen. Nur noch wenige Augenblicke", sie vermag an dieser Stelle leider nicht, die Perspektive ihrer Augen leicht zu verändern, „dann wird aufgeräumt. Wir garantieren für ihre Sicherheit. Und ich danke schon jetzt den vielen tüchtigen Helfern bei der Polizei, auch der Bundeswehr und nicht zuletzt den vielen ehrenamtlichen Helferinnen und Helfern, die uns unterstützen." Noch eine Kunstpause, dann: „Keine Sorge: Wir schaffen das. Und ich bitte Sie einfach, ruhig zu bleiben und gegebenenfalls unseren Sicherheitskräften zu helfen und deren Anordnungen zu folgen."

Die Kameras bemühen sich weiterhin, auf ihrer Person zu bleiben, werden jedoch vom Pressesprecher und anderem anwesenden Personal daran gehindert. Also schalten die Sender das Bild aus und bringen erneut hektische Kommentare und irgendwelche anderen vermeintlichen oder echten Dokumente.

Was sichtbar nicht viel nützt. Denn eigentlich warten ja nur alle darauf, dass der unendliche und so drastische Zug auf der Kantstraße den Weimarer Platz erreicht.

Dort, an diesem Platz, stehen sie alle. Die Kameras in unterschiedlichen Höhen auf Hebebühnen, die wiederum über Lieferwagen oder auf Lastwagen schweben. Jeweils mindestens zwei Kameras und dazu große Mikrofone und zusätzliche Fotoapparate mit gigantischen Zoomobjektiven. Außerdem Hunderte von über die Köpfe gereckten Handys.

Diese Medien-Fahrzeuge tummeln sich mitten zwischen vielen Polizeifahrzeugen. Teils gepanzert, vorneweg Wasserwerfer, dahinter tatsächlich zwei LKW mit Maschinengewehren auf dem Dach.

## Traurige Tropen

Da in Berlin am Weimarer Platz steht also die gepanzerte Macht, bereit, endlich jenen fürchterlichen Marsch zu unterbinden.

Aufgeregt blicken die Medienleute auf die Monitore ihrer Kameras, die sie in möglichst abenteuerlicher Weise im Rücken oder mitten zwischen den Polizeikräften aufgebaut haben, um alles aufnehmen und vermitteln zu können, was geschehen wird. Und davor und dazwischen die Polizisten mitsamt ihren durch Panzerung unterstützten Uniformen und Helmen auf den Köpfen. Außerdem Wasserwerfer und Tränengas und echt bewaffnete Fahrzeuge. Alles blau.

Noch ahnen diejenigen, die sich dort auf Befehl versammelt haben, nur, was auf sie zukommen wird. Lediglich in der Ferne hören sie den Lärm und sehen sie die Staubwolken, wohl hervorgerufen durch die Marschierenden.

Plötzlich erhascht eine der Fernsehkameras auf dem Balkon in der dritten Etage eines Hauses auf der linken Seite der Kantstraße einen Mann, der sich mit dem Rücken an das Geländer des Balkons drückt und einen Fotoapparat so hält, dass dieser ihn möglichst mitsamt der Straße und dem dort erwarteten Aufmarsch aufnehmen könnte. Sofort verharrt der Kameramann auf diesem Bild, gibt seinem Redakteur ein Zeichen, sofort auf Sendung zu schalten, und bewegt das Teleobjektiv in genau diese Richtung.

Die Redaktion bedeutet ihm durch Handzeichen, dass sie auf Sendung sind. Und tatsächlich, der Mann – etwa 1,80 m, normal gekleidet, mit einem weißen Hemd und einer, mehr ist nicht sichtbar, dunklen Hose, am Hinterkopf, das Gesicht ist nicht erkennbar, etwas schütteres Haar –, also jener Mann rückt so nahe an das Geländer heran, dass er seinen Rücken zwangsläufig nach hinten biegen muss.

„Achtung, jetzt aufpassen. Das müssen wir mitschneiden", der Kameramann ruft aufgeregt nach seinem Redakteur und hält seine Kamera voll auf diese Szene.

Nur noch Sekunden, dann geschieht genau das, was der Kameramann vorausgesehen (und vielleicht erhofft) hat: Der Mann auf dem Balkon beugt sich immer weiter nach hinten, damit das Foto, dessen Ausschnitt er auf dem Monitor beobachten kann, ihn wirklich zusammen mit der fürchterlichen Menge auf der Kantstraße zeigt. Immer weiter. Und dann stürzt er rücklings über das Geländer. Der Fotoapparat entgleitet seinen Händen, mit denen er sich nun voller Verzweiflung noch an dem Balkongeländer festzuhalten versucht. Doch er erwischt bloß Blumen, die am Geländer in entsprechenden Kästen angeordnet waren und nun gemeinsam mit ihm in die Tiefe stürzen. Der Mann fliegt zappelnd an der zweiten Etage und deren Balkon vorbei, auf dem sich ebenfalls neugierige Menschen versammelt haben und sich das Szenario anschauen, dann an der ersten Etage und landet schließlich irgendwo auf der Kantstraße.

Der Kameramann dieses einen Senders, der diese Szene erwischt hat und in möglichst alle Welt live sendet, müht sich redlich, diesem Vorgang präzise zu folgen, doch ab dem ersten Stock des Hauses entwischt ihm der Mann. Sofort rückt er die Kamera neu zurecht, richtet sie auf die Verbindung zwischen dem Erdgeschoss und der Kantstraße. Aber er findet den Mann nicht mehr.

Dafür sieht man jetzt – und dies demonstrieren mittlerweile alle hier beteiligten Medien – das große Entsetzen, das die marschierenden Massen auf der Kantstraße auslösen. Mithin kann man sich nur noch vorstellen, dass jener Mann, der da in der dritten Etage ein aufregendes Selfie probierte, auf den Boden der Tatsachen der Kantstraße zurückgeschleudert, von jenen Massen zermalmt und zerfetzt wurde. Was der Bewegung der Marschierenden keinen Abbruch tut.

Nichtsdestotrotz nämlich nähern diese sich unweigerlich dem auf sie wartenden Polizeiapparat. Der sich auf Befehl der Zentrale nun bereit macht zuzuschlagen.

Schon setzt der Wasserwerfer seine Maschinerie in Gang, brüllt es aus den Lautsprechern: „Letzte Warnung! Halten Sie an! Hier spricht die Polizei. Halten Sie an! Sonst sind wir genötigt, Gewalt anzuwenden. Jeglicher Widerstand ist zwecklos!". Was mehrfach wiederholt wird.

Während mittlerweile der Wasserwerfer tätig ist und einen heftigen Strahl gegen die Menge richtet, alle Polizisten und – bis auf die Kameramänner – ebenso die vom Fernsehen und andere Medienleute in Deckung gehen, stürmt die Menge ungerührt weiter voran.

Dann fallen die ersten Schüsse, nämlich auf eine Entfernung von etwa fünfzig Metern. Diese treffen, und fast alle aus der ersten Reihe der ansonsten weiterhin vorwärts hetzenden Meute brechen getroffen zusammen, fallen zu Boden, heftig blutend.

Nur stoppt das die anderen nicht, stachelt sie eher noch an, ohne Rücksicht auf die Gefallenen weiter nach vorne zu jagen. Oder der Druck von hinten ist so gewaltig, dass die vorne wahrscheinlich gar nicht anders können, als solcher Bewegung nachzugeben und voran zu hasten.

Irgendwelche Gewehre und wohl auch Maschinenpistolen knallen. Kaum zu hören angesichts des allgemeinen Lärms und Geschreis. Blutüberströmt stürzen alle aus den nächsten Reihen der Marschierenden auf das Pflaster. Von hinten werden sie so zusammengeschoben, dass die Leichen sich blitzschnell zu einer Wand auftürmen.

Diese stapelt sich so hoch, dass einerseits den Polizeikräften ebenso wie den Fernsehkameras die Sicht total versperrt wird und andererseits der Marsch abrupt stoppt. Ein merkwürdiger Moment der Waffenruhe.

Nur sehr kurz. Denn die Fahrzeuge der Polizei versuchen mit aller Macht, durch die Leichen einfach hindurch- und über sie hinwegzufahren und sie dadurch zur Seite zu räumen.

Doch die, die so massiv wie unbeirrt auf der Kantstraße marschiert waren, nutzen diesen Augenblick, um nach rechts in eine der Seitenstraßen abzubiegen. Einfach so und völlig plausibel.

Während sich die staatlichen Fahrzeuge immer noch durch die Kadaver hindurchkämpfen, nehmen die anderen allmählich wieder Tempo auf und rennen davon.

## Angelus Novus

Einsame Ameisen morden modern.

Vor wenigen Minuten hat er das in etwas krakeligen Druckbuchstaben auf ein Blatt Papier geschrieben, das nun direkt vor ihm und neben dem Wasserglas liegt.

Gerade liest er es sich selber laut vor: „Einsame Ameisen morden modern".

Sein Gesichtsausdruck ist dabei sehr unentschieden. Weder lächelt er, noch setzt er eine ernsthafte Miene auf. Aber er spricht das letzte Wort, also „modern" noch einmal aus, zieht diesmal jedoch das „o" darin in die Länge und betont die erste Silbe.

Nun lächelt er. Vielleicht etwas süffisant. Inmitten der wieder strahlenden Sonne immer noch auf der Terrasse jenes Cafés. Inzwischen ganz allein und in ziemlicher Ruhe.

Fast schon in bizarrer Ruhe. Kein Auto auf der Straße und kein Mensch auf den Bürgersteigen.

Was bekanntlich nicht lange währen kann. Das weiß er, und das macht ihn innerlich etwas nervös. Ruhe schafft unausweichlich Hektik.

Deshalb dauert es lediglich wenige weitere Augenblicke, bis die, die heute in diesem Café als Bedienung arbeitet und zuvor schon mit ihm geredet hat, durch die Glastür hindurch auf die Terrasse stürzt und schreit: „Sie müssen sofort reinkommen. Im Radio wird von schrecklichen Dingen berichtet, und es werden alle in dieser Gegend aufgefordert, sich sofort in Häuser zu retten und die Türen zu verrammeln. Kommen Sie. Bitte.

Sofort!"

Er scheint verstört, dreht sich zu ihr um und blickt sie an: „Was ist los?"

„Weiß ich doch nicht. Aber die Warnung ist glaubhaft. Kommen Sie!" Sie hält ihm die Tür auf und winkt mit ihrem rechten Arm.

„Na gut", er erhebt sich und geht relativ flink auf sie zu und dann gemeinsam mit ihr durch die Tür in den Innenraum.

Während sie die Tür verriegelt und einen Tisch davorschiebt, blickt er sich in dem Raum um und sieht lediglich hinter der Theke ganz rechts eine ältere Frau, die sich unterhalb dieser Theke versteckt.

„Wir sollten auch hinter die Theke gehen. Das ist sicherer." Die aufmerksame Bedienung schubst ihn leicht in diese Richtung.

„Nein, nein." Er schüttelt den Kopf: „Dann sehen wir nichts. Wir müssen doch wissen, was los ist, ob die Warnungen berechtigt sind. Also ran an die Fenster."

„Sind Sie sicher?" Sie blickt ihn zweifelnd an. Doch er zieht sie, durchaus behutsam, am linken Handgelenk zu dem großen Fenster, eigentlich wie ein Schaufenster, links neben der Eingangstür.

Sie warten. Im Hintergrund hört man einen Seufzer der Frau, die sich hinter der Theke versteckt. Sonst ist es still.

„Die Warnung gab es im Radio?"

„Ja, die berichteten völlig konfus über irgendwelche Toten in der Kantstraße am Weimarer Platz. Und darüber, dass die Gefahr, eine tödliche Gefahr, nun für diese Gegend drohe. Bei uns. Wir sollten uns deshalb alle verbarrikadieren." Sie fügt hinzu: „Ich habe dann das Radio gleich ausgeschaltet, damit niemand merkt, dass jemand in diesem Raum ist".

„Woher diese Gefahr stammt, haben die nicht gesagt?"

„Überhaupt nicht. Als ob sie das gar nicht wissen."

Draußen wird es nun lauter. Irgendwo knallt und kracht es. Aber zu sehen ist bisher nichts.

Das dauert noch etwas.

Es wird immer lauter, man hört sogar Explosionen. Und dann werden sie sichtbar, die ersten, die wild um sich blickend und in vollem Lauf auftauchen.

Schnell werden es immer mehr, rasen sie nun teilweise über die Terrasse, werfen dabei alle Tische und Stühle und selbst einige der Blumenkübel um.

Tische und Stühle fliegen durch die Luft, ein Stuhl donnert gegen die Scheibe des Fensters, hinter dem die beiden sich jetzt dann doch verbergen.

Während die ersten schon auf die Hardenbergstraße einbiegen, kommen immer mehr nach. Eine schier endlose und zugleich völlig chaotische Kette.

Die beiden hinter dem Fenster hatten sich offensichtlich durch den Stuhl, der an die Scheibe des Fensters flog, erschrocken geduckt, aber jetzt linsen sie – verdutzt – vorsichtig wieder hinaus. Staunend, verwundert.

Bis er überrascht ausruft, sich jedoch sogleich zurücknimmt: „Mensch, das sind alles Mulis! Hunderte von Mulis!"

„Was?" Vorsichtshalber hält sie ihre rechte Hand vor ihren Mund, um trotz des Schrecks leise zu sein. „Was ist das?"

„Mulis. Maultiere. Einfach Maultiere. Die ärmsten Tiere. Immer einsam."

## Alpenglühen

Auch am Flughafen Köln/Bonn strahlt die Sonne. Nur ganz wenige und eher hübsche weiße Wolken am Himmel.

Zwei Menschen spazieren im Sonderbereich für private Flugzeuge über das Flugfeld. Vorbei an meist kleinen Maschinen mit einem oder zwei Motoren.

Noch einige Schritte, dann erreichen sie eine zweimotorige Cessna, blauer Streifen auf weißem Grund.

Ein Mann, wohl Ende Zwanzig, hellblaue Mütze auf dem ziemlich runden Kopf, ansonsten gekleidet in Jeans und ein hellgelbes T-Shirt; daneben eine Frau ähnlichen Alters, rote Mütze, unter der blonde Haare hervorlugen, lange schwarze Hose, gelbe Bluse und darüber eine leichte schwarze Jacke. Schwer zu entscheiden, ob sie sich schon lange kennen oder überhaupt zueinander passen. Beide sind recht schlank, fassen sich nicht an. Gehen einfach nebeneinander.

Sie reden nicht miteinander, trennen sich nun ein wenig, da sie sich der – von vorne betrachtet – linken Seite des Flugzeugs nähert, er sich der rechten Seite. Dort angekommen, hantiert er außen am Flugzeug herum und schiebt dann das Dach der transparenten Kanzel teilweise nach hinten. Womit beide die Möglichkeit haben, in das Cockpit zu klettern.

Das tun sie und nehmen nebeneinander auf den dafür vorgesehenen Sitzen Platz.

Anschnallen, Kopfhörer aufsetzen, an einigen Knöpfen drehen und andere drücken. Immer noch wortlos, als wäre das für die beiden selbstverständlich.

Etwas später plaudert er, spricht mit dem Tower. Man scheint ihn dort sehr gut zu kennen, sie scherzen miteinander, er schmunzelt. Sie schaut verträumt in den Himmel.

Er setzt mit Knopfdruck den Motor in Gang, testet

durch weiteren Hebeldruck das Leitwerk und die Lan-
deklappen und teilt ihr kurz mit: „Alles okay".

„Schön", sie lächelt.

Kurze Zeit später kommt vom Tower die Start-Freiga-
be, und unter ziemlichem Lärm bahnt sich das kleine
Flugzeug seinen Weg durch die vielen anderen, die hier
abgestellt sind, rollt dann eine der Startbahnen entlang
und bleibt mit laufendem Motor stehen.

„Es geht los", er schiebt den Gashebel nach vorne, der
Motor heult auf, und das Flugzeug hoppelt über den As-
phalt, wackelt kurz und erhebt sich bald darauf
schwungvoll.

„Wohin fliegen wir?" Erstmals blickt sie zu ihm hinüber.

„Keine Ahnung. Einfach so. Durch die Luft."

„Klingt gut." Sie schweigt einen Moment, dann fragt
sie: „Dürfen wir über die Stadt fliegen?"

Er grinst: „Selbstverständlich nicht. Ist viel zu gefährlich. Stell dir vor, wir stürzen ab."

„Will ich mir aber nicht vorstellen."

„Ist immer möglich."

„Hör auf. Was für ein Quatsch. Wir wollen doch Spaß
haben."

Die Maschine fliegt derweil in relativ geringer Höhe
den Rhein südwärts entlang. Bald sieht man unten die
riesigen Öl-Behälter, die lediglich von oben interessant
sind, und in der Ferne sind schon die ersten Häuser von
Bonn erkennbar.

„Sollen wir weiter nach Süden fliegen? Bis Koblenz
und dann die Mosel entlang?"

Sie schaut nach unten: „Nein, das sieht doch ziemlich
langweilig aus."

„Na gut." Er bewegt seine Hände, und das kleine Flugzeug legt sich auf die linke Seite und vollzieht eine sehr
scharfe Kurve. Wobei es auch etwas nach unten sackt.

„Uff, das haut in den Magen."

„Klar. Geht aber nicht anders."

Schon hat sich die Maschine wieder stabilisiert und ihre Nase nach Norden ausgerichtet. Etwas abseits vom Fluss. Unten sieht man sehr viel grünes Zeug.

„Komm, lass uns über Köln fliegen. Das ist viel spannender." Sie schaut ihn an.

„Keine Chance. Dann verliere ich meine Lizenz."

Sie zieht die Mundwinkel hinunter und wirkt mürrisch. Dann stößt sie ihn mit dem linken Ellbogen leicht in die rechte Seite seiner Hüfte.

„Hej, lass das. Macht mich nervös."

„Ah, das kann ich noch viel besser." Sie schiebt ihre linke Hand über seinen rechten Oberschenkel, bewegt dabei die Finger ziemlich intensiv und rutscht mit diesen immer weiter zwischen seine Beine.

„Hör auf! Das geht nicht. Dann werd ich verrückt." Mit seiner rechten Hand versucht er, ihre linke wegzuschieben.

Aber sie ist insistent, bewegt zwischen seinen Beinen ihre Finger nach heftiger.

Er stöhnt. Und weiß wohl selber nicht, ob aus fröhlicher oder zorniger Erregung.

Auf jeden Fall wackelt das Flugzeug.

„Okay, okay. Ich fliege über Köln. Rechtsrheinisch."

Sie lacht. Was ziemlich zuversichtlich klingt: „Super. Du bist wunderbar."

Erneut bewegt er seine beiden Hände, und nun schlittert das kleine Flugzeug ein wenig nach links, stabilisiert sich dann und bewegt sich auf Mülheim zu.

„Super. Wir schaffen die schlechte rechte Seite von Köln. Guck mal, da ist Deutz."

Tatsächlich können sie schon die Hohenzollernbrücke sehen, die für Eisenbahnen und Fußgänger vom Dom aus über den Rhein führt. Eben nach Deutz.

Unter ihnen breitet sich jetzt das Messegelände aus.

Plötzlich schreit sie: „Der Dom! Ich will zum Dom!"

„Wie bitte? Spinnst du?"

„Hör auf." Sie boxt ihn in seine rechten Rippen: „Ich will zum Dom".

„Blödsinn. Lass uns abdrehen."

„Mann, hast du noch nie davon geträumt, mit einem Flugzeug mitten zwischen die beiden Türme vom Dom zu fliegen?"

„Aber da passen wir nicht durch. Wir würden links und rechts anstoßen und abstürzen."

Sie zupft an seinem rechten Arm – der linke ist wie seine gesamte linke Seite, zumal angeschnallt, für sie nicht erreichbar: „Bitte. Träum doch mal. Mit mir. Wir beide. Zwischen den beiden Türmen. Und dann krachen die auseinander, fliegen die Stücke in der ganzen Stadt herum. Und wir landen im Kirchenschiff. Wahnsinn."

„Stimmt. Wahnsinn." Er sieht sie nicht an, schaut einfach geradeaus und versucht offensichtlich abzudrehen.

Da löst sie ihre Sitzgurte, was blitzschnell geht, und wirft sich auf ihn.

Das Flugzeug schwankt bedenklich, bewegt sich heftig auf und ab und wackelt mit den Flügeln.

„Lass das!" Er brüllt, flucht, versucht verzweifelt, sie auf ihren Sitz zurück zu schieben.

„Du bist ein Idiot! Das ist die Chance. Endlich einmal einen Traum erfüllen." Sie lässt von ihm ab und setzt sich wieder.

„Und was hast du dann davon? Dann bist du tot." Er stabilisiert die Maschine behutsam, allerdings hat sich deren Nase durch die Rauferei im Cockpit nach links gedreht, also in Richtung linksrheinisches Köln mitsamt Dom.

„Quatsch. Das ist so schön. Mach es. Flieg zum Dom!" Sie hat ihre Hände fast vor der Brust gefaltet, ihre Augen glänzen wild, sehnsüchtig, hoffnungsvoll.

„Gut. Dann machen wir das."

„Du verstehst mich", sie jubelt, wirft ihre Hände in die Höhe: „Ich wusste doch, warum ich dich mag und mit dir fliegen will. Nur mit dir."

Die Cessna brummt derweil ganz ruhig vor sich hin. In nur etwa vierhundert Metern Höhe überfliegen sie den Neumarkt, einen der hässlichsten von manch scheußlichen Plätzen in Köln, danach entlang der Aachener Straße, die Maschine schwebt Richtung Westen.

„Bitte schnall dich wieder an. Sonst ist das zu gefährlich."

Dazwischen quietschen schon längst Töne aus den beiden Kopfhörern, die sie beide ziemlich gleich nach dem Start abgelegt haben.

„Der Tower meldet sich", sie kichert, „die versuchen wohl, uns wieder auf den richtigen Kurs zu bringen."

„Was glaubst du, wie nervös die inzwischen sind." Man muss schon recht laut sprechen, um sich zu verständigen.

„Siehst du, da gibt es schon einen Polizei-Hubschrauber. Bestimmt wegen uns."

„Na und. Abschießen können die uns nicht. Dann fliegen wir mitten in die Häuser."

„Irgendwann eine Frage der Verhältnisse." Erstmalig während des gesamten Flugs schaut er sie an: „Du kennst doch jene berühmte Frage: Ein Auto fährt mit großer Geschwindigkeit auf eine Kreuzung zu, der Fahrer sieht links einen dicken Mann und rechts drei junge Frauen. Anhalten kann er nicht mehr, irgendwen davon wird er treffen und somit töten. Wie soll er sich entscheiden? Gibt es dafür Richtlinien? Irgendeine Moral?"

„Jetzt komm mir nicht mit Philosophie. Habe ich genug an der Uni gehabt. Hier sind wir mitten im Leben. Das ist schöner, macht mir Spaß."

Auf der linken Seite könnten die beiden nun das Fußballstadion erkennen. Weiter geht es in Richtung Westen. In einiger Entfernung begleitet von dem Hubschrauber.

Bis sie protestiert: „Hej, du fliegst in die falsche Richtung. Wir müssen sofort umkehren. Sonst bringe ich das Flugzeug zum Absturz, raste einfach aus. Versprochen." Sie blickt Ihn sehr wütend an.

„Du bist ja wahnsinnig. Hör auf. Ist dir denn überhaupt nicht klar, wie viele Menschen wir umbringen würden, wenn wir in den Dom fliegen? Hunderte, vielleicht Tausende. Schwachsinn, so etwas zu tun."

„Scheiße. Du hast mir versprochen, dass wir in den Dom fliegen. Den mögen die in Köln doch sowieso nicht. Haben sie nie gemocht."

„Blöde Rationalisierung. Du bist doch keine Mörderin."

„Red nicht so. Davon will ich nichts wissen." Hätte er sie in diesem Moment angeschaut, hätte er womöglich einige Tränen in ihrem Gesicht sehen können. „Ich träume doch bloß. Und will das gemeinsam mit dir. Stell dir einfach vor: Die beiden Türme des Doms, dazwischen der strahlend blaue Himmel und genau in der Mitte davon eine wunderschöne kleine weiße Wolke. Und die versuchen wir zu treffen. Mein Traum."

Erneut zerrt sie an seinem T-Shirt herum.

„Lass das. Das ist gefährlich. Und ich habe keine Lust zu sterben. Überhaupt keine."

„Flieg zurück. Nach Osten. Das Kirchenschiff liegt immer im Osten."

„Das ist kein Traum, das ist ein Albtraum. Und wir befinden uns nicht im Computerspiel. Das hier ist wirklich."

Gewiss, die Art, so zu ihr zu sprechen, ist wenig überzeugend. Bei solchem väterlichen Ton muss Aufklärung dieser Art versagen. Dabei ist der Hinweis auf das Computerspiel zweifellos sehr vernünftig. Nur eben zu vernünftig.

Genau dies provoziert ihre Reaktion: „Hör mit deinem blöden patriarchalischen Gesabber auf. Du gehst mir auf die Nerven. Und ich will meinen Traum." Wüst schlägt sie mit ihren kleinen Fäusten in seine rechte Seite.

Er versucht, sie mit seinem rechten Arm zurückzuschieben und brüllt mit wirklich lauter Stimme: „Du bist wahnsinnig. Einfach wahnsinnig. Wenn du so weitermachst, stürzen wir ab."

Sie unterbricht kurz, ihn zu schlagen, und krächzt zurück: „Dann stürzen wir ab. Aber nicht hier. Nur auf den Dom."

Das Flugzeug hat mittlerweile wegen des Durcheinanders im Cockpit an Höhe zugenommen. Schwankt jedoch bedrohlich, neigt plötzlich die Nase nach unten und verliert sich im Sturzflug.

Mühsam reißt er die Maschine wieder nach oben, kann dabei aber nicht verhindern, dass sie eine scharfe Rechtskurve nimmt und auf einmal direkt in Richtung Dom aufbricht.

Sie jubelt wieder: „Toll. Du machst das! Los!"

Starr richtet er seine Augen geradeaus. Sie tut das auch, allerdings mit äußerst freudiger und erwartungsvoller Miene.

Stille in der Kanzel. Draußen starten die Kirchenglocken, die Uhrzeit zu verkünden.

In noch einiger Entfernung vor ihnen der Dom. Tatsächlich die beiden Türme, dazwischen ein wundervoll blauer Himmel und auf dem Boden das lange Kirchenschiff. Nur die kleine weiße Wolke fehlt.

Die Cessna fliegt nicht sehr schnell, bummelt geradezu.

Er blickt weiter starr geradeaus, ihre Augen sind riesig geöffnet, ihre Hände links und rechts um ihr Kinn gepresst. Als könne sie es nicht mehr erwarten.

Die Kirchtürme erheben sich gewaltig, stehen einfach da, verziehen sich nicht.

Schon können die beiden, wenn sie denn Augen dafür haben, viele der kleinen Figuren und Arabesken auf den Außenseiten der beiden Türme erkennen. Unter anderem einen kleinen Esel und an anderer Stelle ein etwas größeres Pferd. Inmitten der vielen anderen aus Stein gehauenen Tiere Engel, Teufel und Köpfe. Und ein Muli.

Im letzten Moment, also ganz kurz vor dem Einschlag in die beiden Türme und eigentlich vorhersehbar, reißt er an den Steuerknüppeln, stellt die Maschine quer. So, dass ihre Flügel nahezu parallel zu den Türmen stehen und die Maschine haarscharf zwischen den beiden Türmen des Doms hindurchrast und auch zwangsläufig nach links abbiegt.

Dabei verliert das Flugzeug beträchtlich an Höhe, saust ziemlich knapp über die Häuser links hinter dem Dom hinweg auf den Rhein zu.

Es ist unklar, ob sie sich nun aus Wut und Verzweiflung auf ihn stürzt oder ob sie durch die heftige Bewegung nach links auf ihn geschleudert wird. Auf jeden Fall verliert er die Kontrolle über das Flugzeug, ist unfähig, es noch zu steuern. Sie liegt mit dem gesamten Gewicht zwischen ihm und den Instrumenten.

Noch befinden sie sich knapp über dem Rhein, dann – gegenüber von Mülheim und kurz vor der Zoobrücke – stürzt die Cessna ins Wasser. Knapp vorbei an zwei Schiffen, die den Rhein abwärts schippern.

## Dämmerung

Noch immer rasen dicht aneinander gedrängt die Mulis auf der Straße, über den Platz und über die Terrasse. Einige stolpern, werden aber durch die Nähe der anderen ausreichend stabilisiert, weiterlaufen zu können.

„Der Weg entsteht beim Gehen."

„Was? Was ist das denn wieder?" Die Frau neben ihm blickt erstaunt in sein Gesicht.

„Nichts weiter. Nur ein Zitat."

Er blickt sich im Raum um, von der Frau hinter der Theke ist weder etwas zu sehen noch zu hören. Wahrscheinlich ohnmächtig.

„Was sind Maultiere?" Sie hockt dicht neben ihm.

„Oder Maulesel. Einfache Mischungen von Pferden und Eseln. Passiert manchmal."

„Und warum sind die arm?"

„Werden ständig ausgebeutet. Sind stark. Deshalb müssen die immer arbeiten. Sind aber ungeliebt."

Mitleid meldet sich seltsam bei ihm – und er fügt hinzu:

„Können keine Nachfahren produzieren."

„Nachfahren?"

„Naja, Kinder oder so. Klappt nicht. Einfach biologisch. Blöd gelaufen."

„Haben Sie Kinder?" Sogleich ist ihr diese Frage wohl peinlich, zumindest läuft ihr Gesicht leicht rötlich an: „Sorry. Dumme Frage. Entschuldigung."

„Kein Problem. Die Antwort lautet: Nein. Möchte keine. Mag Kinder jedoch sehr gern." Er lacht leise: „Außerdem werden die ja gebraucht, die alten Leute zu finanzieren."

„Klingt zynisch", sie schüttelt den Kopf.

„Mag sein. Doch Zyniker waren immer Moralisten."

In der Ferne hört man Polizeisirenen, die sich langsam nähern.

„Unglaublich. So etwas habe ich noch nie gesehen." Er schaut aus dem Fenster und entdeckt, dass nun die letzten auf die Hardenbergstraße eingebogen sind.

„Wie heißt du?" Ja, auf einmal duzt er sie.

„Luisa."

„Schön." Er küsst sie überraschend und nur sehr kurz. Dann steht er auf, rückt den Tisch von der Tür weg, schließt sie auf, öffnet sie, ruft ihr „Tschüss" zu, geht auf die Terrasse und läuft hinter den Maultieren her.

Nach einigen Metern auf der Hardenbergstraße wird er von etlichen kleinen und großen Polizeifahrzeugen überholt und sogar brachial genötigt, auf den Fußweg auszuweichen.

Die Sirenen schießen so grell in seine Ohren, dass er seinen Zeigefinger jeweils in eines der Ohren steckt. Das dämpft das Geheul etwas.

Dabei läuft er weiter, die Hardenbergstraße entlang in Richtung Ernst Reuter Platz.

Weit vor ihm die Maultiere, etwas vor ihm an die zwanzig Fahrzeuge der Polizei und nun schon neben ihm diverse Fahrzeugtypen der Fernsehsender und anderer Medien.

Sonst gibt es niemanden auf der Straße. Er rennt völlig allein auf dem breiten Bürgersteig.

Ein paar Meter weiter stoppt auf einmal eines der Autos der Fernsehsender direkt neben ihm. Auf der rechten Seite wird die Tür aufgerissen, und ein junger Mann mitsamt Kamera und Mikrofon springt heraus.

Die offene Tür bremst ihn, und schon fragt der junge Typ: „Wie finden Sie das?"

Er winkt ab, versucht, an der Tür und dem Mann vorbeizukommen.

Doch der baut sich direkt vor ihm auf: „Wir sind auf Sendung. Deshalb noch einmal: Wie finden Sie das?"

„Aufregend", ein bisschen stottert er atemlos, „unglaublich. So etwas habe ich noch niemals gesehen."

„Aber", Kamera und Mikrofon werden direkt auf ihn gerichtet, „das ist doch schrecklich. So viele Tote."

„Ja. Wahrscheinlich. Doch ich habe auch Mitleid mit den Maultieren."

„Sind Sie verrückt? Das sind Mörder. Allesamt. Widerlich." Das klingt sehr entrüstet.

„Dann lassen wenigstens Sie mich in Ruhe." Mit der linken Hand schiebt er Kamera und Mikrofon beiseite und läuft weiter. Atemlos.

Der andere redet noch in das Mikrofon und richtet nun die Kamera auf sein eigenes Gesicht: „Haben Sie das gehört, sehr geehrte Zuschauerinnen und Zuschauer? Der Mann hat einen Knall." Der junge Typ schüttelt drastisch seinen Kopf: „So etwas gibt es also auch. Doch nun weiter. Bleiben Sie dabei."

Derweil haben die ersten Reihen der Mulis das Ende der Hardenbergstraße erreicht und verharren jetzt angesichts des Ernst Reuter Platzes. Ein sehr großer runder Platz und drum herum ein Kreisverkehr.

Die Maultiere da vorne sind offenbar völlig verunsichert, wie es weitergehen soll. Ein Kreisverkehr. Was macht man damit?

Von hinten werden sie durch immer noch so viele andere Maultiere langsam auf den Kreisverkehr geschoben. Müssen sich also entscheiden: links herum, rechts herum oder einfach über den Platz.

Brutal donnern die Sirenen der Polizeifahrzeuge im Hintergrund. Nun baut sich die Staatsmacht erneut auf. Wasserwerfer schieben sich an den anderen Fahrzeugen vorbei in den Vordergrund und jagen die Wasserstrahlen auf die, die vor ihnen stehen.

Die meisten von denen, sicherlich mehr als dreißig Maultiere, drehen sich ganz langsam um und rennen gegen die Wasserwerfer und deren Wasser an.

Hilflos. Sie stürzen, werden zurückgedrängt. Klagende Töne überlagern fast die Sirenen.

Dann fallen wieder Schüsse. Alle, die direkt vor den Wasserwerfern stehen oder inzwischen liegen, werden getroffen, bluten, fallen um oder bleiben eben liegen.

Die an der Spitze scheinen völlig verunsichert, stehen immer noch offensichtlich fassungslos vor diesem Platz und dem Kreisverkehr.

Doch der Druck von hinten wird immer heftiger, die Mulis dort bemühen sich, den Schüssen davonzulaufen. Drängeln deshalb.

Die Polizeikräfte werfen weiterhin mit Wasser und schießen einfach so in die Menge. Dahinter wiederum Getümmel: Leute mit Kameras und Mikrofonen winden sich an den Polizeifahrzeugen vorbei, um möglichst nahe am Geschehen die Aufnahmen zu gestalten.

Als er auf dem Bürgersteig neben all den Fahrzeugen fast schon den Ernst Reuter Platz erreicht hat, sieht er gerade noch, dass sich am Platz die Menge der Tiere auflöst: Einige rasen nach links, andere völlig verzweifelt über den Platz einfach hinüber und noch andere biegen rechts ab, in Richtung Brandenburger Tor. Doch der Weg dorthin ist weit.

## Digital

Schrödinger streichelt seine Katze. Die schnurrt und genießt.

Dabei sitzen beide in einem Taxi. In einem Volkswagen, etwas eng für die zwei auf dem Rücksitz.

Das Taxi fährt die Kirchröder Straße in Hannover hinunter, der Fahrer weicht immer wieder vorsichtig den Straßenbahnschienen in der Mitte der Straße aus.

An einer der Haltestellen muss auch das Taxi anhalten, denn etliche Menschen gehen über die Straße und steigen in die Straßenbahn ein.

Etwas später überqueren sie – die Ampel zeigt Grün – den Messeschnellweg, zockeln im dichten Verkehr weiter über den Braunschweiger Platz hinaus bis zur Berliner Allee. Neben dem Weg stehen links einige massive Gebäude, und rechts befindet sich eine große Automobil-Firma. Dann folgen auf beiden Seiten kleine Läden und eine Eisdiele.

In der Spur für Rechtsabbieger stoppt das Taxi vor der roten Ampel.

Draußen gehen einige Leute vorbei, auf der linken Seite kann man noch das Krankenhaus erkennen.

Das Taxi biegt rechts ab in die Berliner Allee, kreuzt nach einer anderen die Königstraße.

Anlass für Schrödinger, der Katze zu erklären: „Naja, eigentlich ist England ein Teil von Hannover. Sogar der Regierungssitz. Merkt man nicht." Er krault dabei den Nacken der Katze. „Wie findest du das?"

Kein Ton von der Katze, aber Schrödinger hat das wohl auch gar nicht erwartet. Redet einfach für sich hin. Für wen auch sonst.

Das Taxi zweigt, als sich vor ihnen eine Hochstraße anbahnt, rechts ab, parallel zu der Hochstraße, bleibt erneut an einer roten Ampel stehen.

Geradeaus sieht man den Fernsehturm der Stadt Hannover. Überall stehen solche Fernsehtürme herum. Allerdings früher meistens an ihrer Spitze oder kurz darunter mit einem drehbaren Restaurant. Die meisten sind nach so vielen Jahrzehnten nicht mehr in Betrieb. In Hannover befindet sich dort nur die Technik einer Telekommunikationsgesellschaft.

Das Taxi bewegt sich nach links unter der Hochstraße hindurch, noch ein wenig geradeaus, erneut links. Dann hält es auf der Rückseite des Bahnhofs an.

Schrödinger bezahlt – fünfzehn Euro –, gibt kein Trinkgeld, packt das restliche Geld wieder zurück, öffnet rechts die Tür, zieht an der Katze und steigt gemeinsam mit ihr aus.

Es ist nicht sehr voll. Nur sehr wenige Menschen. Also kein Gedränge.

Die Katze neben sich, allerdings an einer ziemlich kurzen Leine aus schwarzem Leder, schreitet er durch die Tür, die sich automatisch öffnet.

So gelangen beide in den Bahnhof, wo es nun etwas belebter zugeht. Leute laufen hin und her.

Er steuert nicht weit von der Tür auf ein Café zu, in dessen Nebenraum, der sich hier nahe dem Eingang befindet, man noch rauchen darf. Zumindest verkündet das ein Schild an der Tür. Und tatsächlich sieht er im Raum durch dessen Fenster hindurch Menschen, die etwas trinken und dabei rauchen.

Klar, er strebt direkt dorthin. Doch plötzlich widersetzt sich die Katze.

Denn direkt vor ihr steht ein Hund. So eine übliche Mischung. Nicht besonders schön, aber auch nicht hässlich. Jedenfalls lebendig.

Dieser Hund bellt überhaupt nicht, greift jedoch mit Karacho Schrödingers Katze an, verbeißt sich in deren Kehle und schüttelt sie mit seinem Maul kräftig.

Noch bevor Schrödinger eingreifen kann, jammert seine Katze und streckt plötzlich alle Viere von sich. Bleibt einfach liegen.

Der Hund macht sich aus dem Staub. Schrödinger zerrt an der Leine, zieht damit jedoch lediglich die nun tote Katze über den Boden.

Es braucht ein bisschen Zeit, dann lässt er die Leine einfach fallen, geht in jenen rauchvernebelten Nebenraum des Cafés, bestellt einen Cappuccino, zieht ein Paket mit Zigaretten aus seinem Jackett, dazu ein Feuerzeug und raucht.

# Einseitig

Totales Chaos bei der Staatsmacht. Na gut, inzwischen hat man wohl verstanden, dass Maultiere oder Maulesel diejenigen sind, die sich da in Massen durch Berlin bewegen. Offenkundig aber wird in der Führung heftig darüber gestritten, welcher Gruppe der Maultiere man folgen müsste.

Gleiches Durcheinander bei den Kamerateams. Denn die werden durch die Fahrzeuge und die uniformierten Mitglieder der Polizei blockiert oder wollen sowieso lieber der Polizei folgen, um auf diesem Weg aufregendere Bilder von Auseinandersetzungen zu schießen. Sie wuseln zwischen den Polizisten herum und schaffen lediglich langweilige Aufnahmen.

So vergehen sehr viele Minuten, bis sich endlich der gesamte Zug von Polizei und Fernsehen in Gang setzt, dem Kreisverkehr zwar folgt, allerdings nicht gemäß der rechtlichen Vorschrift rechts herum, vielmehr gleich nach links.

Aber es braucht einige Zeit, bis sich dieser Korso entfaltet und alle Kraftfahrzeuge vorwärts rollen.

Mittlerweile, er kennt sich in dieser Gegend überraschend gut aus, hat er noch vor dem Platz eine Abkürzung über einige Parkplätze und hinter einigen Gebäuden hinweg genommen, nachdem er gesehen hatte, dass einige der Mulis nach rechts abgebogen waren. So kommt er fast noch rechtzeitig auf jene Straße, auf der etwa – er versucht zu zählen – 200 Mulis in Richtung Brandenburger Tor hetzen. Sie sind ungefähr 100 Meter vor ihm.

Völlig außer Atem ruft er ihnen hinterher: „Rechts abbiegen in den Tiergarten!"

Danach sackt er erschöpft zu Boden und setzt sich einfach so auf den Bürgersteig.

Die Fahrzeuge und Leute der Staatsgewalt bewegen

sich ohnehin in die andere Richtung hinter den wohl Tausenden von Mulis hinterher, die nach links abgezweigt waren. Sirenen und die Töne von Hufen wabern durch die Berliner Luft.

## Bildschirmschoner

Einige Stunden sind inzwischen vergangen, es ist später Nachmittag oder früher Abend, je nachdem, wie man dazu steht.

Auf mehreren Fernsehkanälen wird schon seit geraumer Zeit eine Ansprache des weiblichen Engels angekündigt, auf einigen anderen hingegen die des Erzengels.

Was schon insofern seltsam ist, als doch vor langer Zeit alle Engel als männlich oder zumindest als androgyn mit leicht männlicher Präferenz vorgestellt und auch gemalt wurden. Erst irgendwann begann man, ihnen eher als weiblichen Wesen zu huldigen. Daher kommt sicherlich auch, dass zwar die italienische Sprache beispielsweise bei menschlichen Vornamen auch noch den männlichen Engel kennt, die deutsche, französische und englische aber überhaupt nicht mehr. Da existieren alleine noch weibliche Engel – mal abgesehen von den Erzengeln. Doch das sind ohnehin ambivalente Wesen. Allerdings bietet die deutsche Grammatik immer noch nur die männliche Form: der Engel. Ein Wirrwarr sondergleichen.

Beide Engel, sie ebenso wie er, starten gleichzeitig, in der Maske ordentlich zurechtgemacht und gepudert, damit sie nicht so glänzen.

Sie ist wieder einmal etwas schneller, steht vor einer hellgrauen Wand, in deren oberem Drittel das Wappen der Bundesrepublik Deutschland, also der Adler, prangt. Adler-Engel oder Engel-Adler. Vor sich mehrere Mikrofone blickt sie vermeintlich betroffen in die Kamera. Was jedoch meist eher verdrießlich aussieht.

Er sitzt vor einer hellroten Rückwand an einem weißen Tisch, auf dem sich diverse Mikrofone befinden. Obwohl nur der obere Teil seines Körpers sichtbar wird und er seine Flügel verbirgt, kann er seine Körperfülle nicht verstecken. Außerdem gelingt ihm der Ausdruck von Betroffenheit noch weniger. Stattdessen rumort es bei ihm stets bürokratisch.

Sie beginnt mit „Liebe Bürgerinnen und Bürger", er mit „Sehr geehrte", und dann kommen auch bei ihm die Bürgerinnen und Bürger.

Hört man einem der Kanäle zu, auf dem sie zu sehen ist und spricht, dann klingt das etwa so: „Ja, wir haben heute hier in Berlin mit sehr schwierigen Verhältnissen zu tun. Es gab sehr viel Aufregung und, zugegeben, auch Durcheinander. Leider, und die Angehörigen können sich meines Mitleids sicher sein, gab es auch Tote und Verletzte und zusätzlich sehr viele Zerstörungen. Derzeit laufen die Ermittlungen dazu, was überhaupt geschehen ist. Ich will diesen nicht vorgreifen. Zumal wohl auch in anderen Städten unseres Landes eigenartige Dinge passiert sind. Wir müssen dies dringend analysieren und werden dann darüber berichten."

Ansonsten folgt noch der übliche Kram, bloß am Schluss sagt sie noch: „Ich verspreche, dass alles aufgeklärt wird. Außerdem werden morgen in der Hauptstadt unseres Landes alle Fahnen auf Halbmast gesetzt. Das habe ich angeordnet." Dann schließt sie mit dem Halbsatz „Ich bitte um Verständnis: keine Nachfragen".

Auf anderen Kanälen der Gabriel. Nach einer allgemeinen Begrüßung legt er los: „Leute, das war wirklich schlimm heute in Berlin. Reiner Terror. Aber inzwischen haben wir alles im Griff. Keine Sorge. Wir wissen schon, wie wir das wieder korrigieren. Die Scheusale kommen alle hinter Gitter. Heute noch."

Er winkt die Kameras näher zu sich heran: „Und vergesst nicht, dass ich das Paradies bewache. Da kommt nur rein, wer die Voraussetzungen dafür erfüllt."

Fast genüsslich schaut er in die Runde: „Noch Fragen?"

Das aber geschieht rein rhetorisch, denn direkt nach dieser Frage äußert er noch: „Alles klar. Wir haben das im Griff." So steht er auf, die Scheinwerfer werden ausgeschaltet, der Erzengel verschwindet.

Die meisten Sender schalten nun wieder auf die allgemeine Berichterstattung aus Berlin um. Man sieht Polizeiautos, die hektisch und demonstrativ lärmend durch die Straßen brausen. Kaum Menschen auf den Gehwegen.

Doch auch Maultiere sieht man nicht mehr. Irgendwie sind die alle in der Dunkelheit verschwunden.

Immerhin, andere Sender zeigen Bilder von den Aufräumarbeiten. Da schieben große Maschinen die Trümmer der Automobile sowie von Tischen und Stühlen oder auch einen ganzen Kiosk und vieles mehr zusammen. Andere Fahrzeuge, die man sonst eher beim Bau von Häusern oder Straßen sieht, heben das so zusammengeschobene Zeug auf große Lastwagen, und diese fahren das irgendwohin.

Für die Kameras sind das gute Aufnahmen, denn die Szenerien werden jeweils heftig ausgeleuchtet und wirken so sehr fiktiv. Alles Kino, Science Fiction. Also heute Wirklichkeit.

## Exil

„Sag mal, weißt du, woher das Wort ‚lakonisch', kommt?", er hebt den Kopf und schaut zu ihr hinüber.

Denn nach einiger Zeit war er wieder zu Atem gekommen und aufgestanden, in sein Hotel gegangen, hatte geduscht, sich etwas anderes angezogen und sie angerufen. Ob sie nicht Lust hätte, mit ihm am Abend in ein Restaurant zu gehen.

Sie kannte ihn aus ihrem Studium in Hannover, hatte vor über zwanzig Jahren bei ihm ihr Examen in Soziologie bestanden. Jetzt arbeitet sie schon seit einiger Zeit beim Deutschlandradio als Redakteurin, hatte ihn schon einige Male und stets, obwohl sie ihn schon damals sehr schätzte und immer noch mag, bloß platonisch in Berlin getroffen. Immer in diesem sehr österreichischen Restaurant, das einst ein Schriftsteller aus Wien gegründet hatte.

„Nein", sie schüttelt ihren etwas runden Kopf so sehr, dass ihre blonden Haare heftig herumfliegen: „Wäre aber spannend, sollte man wissen."

„Eben. Ich mag einfach, so zu reden. Eben lakonisch. Und weiß nicht einmal den Zusammenhang. Schön blöd."

Ein Kellner kommt, bringt ihnen eine große Flasche Wasser, räuspert sich: „Stilles Wasser. Ist doch richtig?" und gießt, nachdem sie genickt haben, daraus zwei der Gläser voll.

Außerdem reicht er beiden jeweils eine Speisekarte und merkt dazu an: „Der Tafelspitz ist heute hervorragend. Alle, die den gegessen haben, sind begeistert. Ich auch." Der Kellner lächelt. Was ihm eigentlich nicht gut steht.

Beide trinken merkwürdig gleichzeitig von dem Wasser und öffnen die Speisekarten.

„Darf ich mich einmal einmischen?" Ein älterer Mann, der alleine am Nachbartisch sitzt und eigentlich schon isst, spricht sie mit leicht wienerischem Akzent an: „Ich habe bloß die Frage wegen lakonisch gehört."

Wie gut, dass jener ältere Mann keineswegs besserwisserisch oder arrogant klingt.

Anlass genug für die beiden, diesmal fast gleichzeitig

ihre Augen von den Speisekarten zu heben und auf den älteren Mann zu richten. Mit einem gewissen Staunen auf den Gesichtern. Normal ist das nicht in diesem Restaurant und schon überhaupt nicht in Berlin, dass jemand zuhört und sich dann auch noch meldet.

Der ältere Mann schmunzelt: „Ja, ich verstehe, dass sie lakonisch mögen. Aber", er schmunzelt noch drastischer, „eigentlich meint das, man sei spartanisch."

Blöd, nun wirkt er doch ein bisschen selbstgefällig. Macht demgemäß eine Pause und redet erst dann weiter: „Das hat sich aus dem eigentlichen Namen der Spartaner entwickelt. Denn die hießen nach ihrem imaginierten Gründer ‚Lakedämonier'."

Das Schmunzeln wandelt sich nun zu einem leichten Grinsen: „Pech für sie, ne."

„Stimmt. Das ist dumm." Er wackelt mit seinem Kopf: „Dennoch Danke", kurze Unterbrechung, dann: „Aber nun sollten Sie wohl weiteressen. Lassen Sie es sich schmecken."

„Das ist wirklich traurig. Denn ich mag lakonische Texte sehr. Und nun?" Sie lächelt ihn an.

„Enttäuscht mich. Sparta habe ich nie geschätzt. Auch nicht in seiner kriegerischen Aufopferung im Kampf gegen die Perser." Verdrießlich senkt er seinen Kopf. „Nee, das ist ein bisschen traurig."

„Komm", sie öffnet erneut die Speisekarte, die sie während des kurzen Gesprächs geschlossen und vor sich hingelegt hatte, „bleib einfach lakonisch. Das habe ich an dir immer sehr gemocht. Als Gegensatz zu diesen ständig alles aufbauschenden und so tiefsinnig daherwandelnden Leuten. Dummköpfe, die nichts wahrnehmen, aber immer fragen, was dahinter sei."

„Stimmt. Diese aufgeblasenen Halbgebildeten, die angesichts eines monochrom blauen Bilds von Yves Klein eben nicht über das schier wahnsinnige Blau reden, stattdessen davon quatschen, was dahinter sei. Ist doch bloß die Wand. Die ist dahinter. Nichts anderes."

„Ich weiß, das zitierst du sehr gern. Finde ich aber auch gut. Stimmt einfach. Habe ich gelernt und erfahre ich ständig." Ihr Gesicht läuft um die Nase herum leicht rötlich an.

„Entschuldige", er hebt beide Hände leicht in die Höhe, „ich wiederhole mich zu oft." Die Hände geraten noch höher: „Wir müssen einfach ein anderes Wort finden. Vielleicht hilft ironisch."

„Komm. Jetzt verstrickst du dich. Lass uns lieber überlegen, was wir essen und trinken."

„Ich weiß schon, was ich esse. Und als Wein würde ich einen Grünen Veltliner vorschlagen. Den wir immer nehmen, wenn wir hier sind."

„Einverstanden mit dem Wein." Ihre grünblauen Augen leuchten zu ihm hinüber: „Und was wirst du essen?"

„Na, den Tafelspitz." Dann die Nachfrage: „Und du?"

„Nee, ich esse ganz traditionell das Wiener Schnitzel."

„Und vorweg oder zum Dessert?"

„So viel Hunger habe ich heute gar nicht. Vielleicht teilen wir uns einen Nachtisch."

„Du hast recht. So richtig Hunger habe ich heute auch nicht."

„Aber wir trinken doch Wein?"

„Aber ja. Ich brauche dringend welchen."

„Dann wie üblich den vom Lenz?"

„Gerne."

Er klappt die Speisekarte zu und legt sie vor sich hin: „So machen wir das."

Der Ober – eine Oberin existiert nicht – kommt auf ihr Winken hin erneut zu ihrem Tisch und nimmt die Bestellung auf, unterstreicht das mit den beiden Wörtern: „Gut gewählt", greift sich die beiden Speisekarten und schreitet davon. Ab zur Küche.

Nach einigen Momenten der Ruhe beginnt sie: „Warum bist du überhaupt in Berlin?"

„Ich weiß auch nicht. Irgendetwas war komisch in Köln. Und dann erhielt ich den Anruf von der UdK, ob ich kurz wegen eines Gutachtens kommen könnte. Habe ich einfach zugestimmt. Zumal die Reisekosten so finanziert sind." Er nimmt einen weiteren Schluck aus dem Wasserglas: „Habe sogleich den Flug gebucht und ein Hotel."

„In welchem Hotel wohnst du?"

„Glaubst du nicht. Das ist ziemlich neu – und heißt wirklich Titanic."

Sie lacht spontan. Ein schönes Lachen. Das kann nämlich manchmal fürchterlich sein, wenn es kreischt oder jault oder so.

„Kaum zu glauben. Der Untergang." Auch er lacht, allerdings nur kurz „Die wissen entweder nichts davon oder halten das für einen tollen PR-Gag. Aber es ist sehr gut und eben neu. Was immer super ist."

„Naja. Komisch ist das schon."

Der Wein wird geliefert. Er überlässt ihr, ihn zu probieren.

Sie tut, was man tun muss: Zuerst das Glas mit dem Schluck Wein, den der Ober eingegossen hat, locker mit der rechten Hand leicht in die Höhe heben, das Glas mit seiner hellen Flüssigkeit anschauen und schwenken, dran schnuppern, noch einmal schwenken und nun einen Schluck in den Mund nehmen, nach außen sichtbar im Mund rollen und dann schlucken. Jetzt sich äußern: „Sehr gut. Wirklich vorzüglich."

Der Ober gießt beiden die Weingläser fast voll und entfernt sich.

Sie ergreifen gleichzeitig ihre Gläser, bewegen diese aufeinander zu und stoßen mit ihnen an.

„Klingt schön", ihre Stimme wirkt sehr sympathisch,

mit einer gewissen Tiefe, die das Zuhören angenehm gestaltet, „und es ist wirklich schön, dich hier zu sehen."

„Bin auch sehr froh, mit dir zu reden. Habe mich sehr darauf gefreut." Er hält das Glas noch in der Hand über dem Tisch: „Bloß das mit Sparta macht mich etwas nervös."

„Quatsch. Etymologie ist wirklich sehr spannend. Manchmal, zugegeben, etwas enttäuschend. Doch dann muss man sie einfach nicht ernst nehmen. Die Wörter entwickeln sich."

„Du hast ja recht. Sonst nutze ich die Etymologie schon sehr gerne für meine Texte. Wusstest du zum Beispiel", ein wenig verläuft er sich jetzt, wenn auch widerwillig, in einen pädagogischen Tonfall: „dass das Wort ‚Wohnen' sich aus der mittelalterlichen Wonne ableitet? Das ist doch hinreißend."

„Super. Das sollte man den Menschen mitteilen, damit sie endlich wieder anfangen zu wohnen."

„Eben. Und damit die auch verstehen, dass Wohnen eine Aktivität bedeutet, eine Tätigkeit. Heute wohnen alle völlig passiv. Lassen sich das Wohnen zustoßen. Wie trostlos."

„Hallo, nun lass uns nicht gleich wieder alle Sorgen entfalten über den Zustand der Welt. Dazu freue ich mich viel zu sehr über diesen Abend."

„Jaja. Stimmt. Aber es ist auch ein merkwürdiger Abend. Nach diesem Tag."

„Oh je. Genau das habe ich befürchtet. Du hast dich nur mit mir heute getroffen, um über den Tag zu reden. Schade." Sie schiebt ihr Wasserglas etwas nervös auf dem Tisch herum.

Der Kellner unterbricht sie. Denn er serviert das Essen. Wiener Schnitzel für sie, den Tafelspitz für ihn.

Eine günstige Gelegenheit für die beiden, das Problem zumindest mittelfristig zu ignorieren.

In der Tat, die Speisen sehen wunderbar aus: Das Schnitzel hauchdünn mit nicht zu viel Panade, dazu lauwarmer Kartoffel-Gurkensalat, und der Tafelspitz mitsamt etwas Brühe und ganz klein geschnittenem Suppengemüse, dazu selbstverständlich Apfelkren.

Beiden scheint es zu schmecken, sie plaudern genüsslich über das Essen und auch über Wien und die Wiener. Problemlos.

Er legt Messer und Gabel nebeneinander auf den Teller, überlegt kurz, warum man immer zuerst das Messer und dann die Gabel erwähnt. Zugegeben, das Messer gab es schon vor der Gabel. Aber wer weiß das schon.

Dann legt sie ebenfalls das Besteck beiseite und fragt: „Bist du eigentlich immer noch so besessen von Anagrammen? Das war ja schon in der Universität eine richtige Macke von dir."

„Klar. Das lässt mich nicht los. Nimm doch als einfaches Beispiel das Wort List..."

„Komm, das ist alt. Wird halt Stil daraus."

Leicht genervt fährt er fort: „Und Palindrome?"

„Otto. Anna. Lager als Regal."

„Dogma I am God."

„Moment", sie denkt sehr offenkundig nach: „Stimmt. Das ist toll."

„Hat André Thomkins mal erfunden neben vielen anderen. Vielleicht kein so guter bildender Künstler, aber fantastisch als experimenteller Poet."

„Ich erinnere mich dunkel an ihn. Der lebte doch in Essen und hat auch mit Daniel Spoerri und solchen Leuten zusammengearbeitet."

„Richtig. Aber erinnerst du dich auch noch daran, wer das längste aus einem Wort bestehende Palindrom gefunden hat?"

„Nun hör schon auf mit dieser professoralen Attitüde." Sie lacht.

„Na gut. Dennoch die Auflösung: das war Arthur Schopenhauer, und das Wort heißt ‚Reliefpfeiler'. Ich habe noch kein längeres gefunden." Geradezu demonstrativ genießt er den Wein und leert sein Glas.

Während er sich sein Glas erneut füllt, fällt ihm immerhin auf, dass mittlerweile auch ihr Glas leer ist: „Entschuldige. Vor lauter Gedankenfülle habe ich das Verhältnis zur Empirie verloren."

So nimmt er ihr Glas und schüttet Wein hinein. „Verzeih. Aber noch ein spannender etymologischer Hinweis, der mich wirklich richtig beflügelt hat: Weißt du, dass das Wort Schmuck sich wirklich aus dem Wort Schmuggel entpuppt hat? Ist das nicht verrückt. Was einst das Geheime und das Verstecken bezeichnete, beschreibt heute das, womit man Aufmerksamkeit erregen will. Unglaublich."

„Stimmt. Da könnte man einen ganzen Text drüber schreiben." Sie staunt sichtbar.

„Witzig, worüber Sie so reden." Der Mann am Nebentisch ist aufgestanden: „Auf Wiedersehen und viel Glück." Er geht davon.

Schon wieder sind die Weingläser leer, und die Flasche ist es auch. Also wird eine neue bestellt, die der Kellner sehr schnell bringt, öffnet, wiederum ihr zum Probieren in einem neuen Glas anbietet. Da sie, alles wiederholt sich, nickt, gießt der ihre Gläser voll.

Er trinkt zuerst, stellt das Glas auf den Tisch vor sich und bewegt seine Augen zu ihr hinüber: „Gute Idee. Könnten wir ja gemeinsam für deinen Sender schreiben. Taugt sogar für eine Lange Nacht."

„Theoretisch schon. Aber so einfach ist das im Radio auch nicht mehr."

„See me in the Radio." Nun lacht er. „Aber so läuft das wohl nicht mehr."

„Überhaupt nicht. Wirklich kein Scherz." Sie hebt ihre

Serviette und platziert diese rechts neben dem Weinglas auf dem Tisch: „Entschuldige. Ich weiß, dies ist der falsche Augenblick. Aber ich muss wirklich mal auf die Toilette."

Sie erhebt sich, schiebt den Stuhl zurück und stapft los. Sie kennt gewiss den Weg.

Versonnen schaut er hinter ihr her. So richtig ideal sieht ihre Figur von hinten nicht aus, etwas zu füllig. Aber sehr schöne Beine, die ab dem Knie unter ihrem sehr klug gestalteten weißen Kleid hervorlugen. Irgendwie tut ihm wohl das Bewusstsein gut, dass er sie schon damals äußerst sympathisch und sowieso sehr klug, aber niemals erotisch-attraktiv fand. Denn er hatte schon damals für die alten Kollegen nur Gespött übrig, die sich um schöne Studentinnen bemühten. Das wirkte immer so lächerlich. Und war so billig: Einfach über die Macht der Prüfungsberechtigung sie sich zu schnappen.

Sie kehrt an den Tisch zurück, setzt sich, lässt die Serviette noch auf dem Tisch liegen: „Danke, dass du gewartet hast."

„Sag mal: Hattest du eigentlich sexuelle Beziehungen zu Professoren damals?"

„Wie bitte? Wie kommst du darauf?"

„Ach, ich dachte bloß nach. Erinnerte mich an die alten Zeiten."

„Ich kann dich beruhigen: Nein. Denn ich fand das damals schon albern und viel zu simpel. Diese alten aufgetakelten Typen. Nee, so dumm wollte ich nicht sein." Sie zaudert für einen kurzen Moment und setzt nach: „Jetzt sag nicht, dass du dich damals in mich verliebt hast."

„Keine Sorge. Ich habe dich immer als ebenso intellektuelle wie sympathische Studentin bewundert." Nun zögert er kurz: „Naja, vielleicht hätte ich mich in dich verknallt. Wenn ich nicht dein Professor gewesen wäre."

Sie zupft am linken Ärmel ihres Kleides: „Nun gut. Aber zugegeben", erneutes Zaudern, „ich fand dich überhaupt nicht attraktiv. Ich weiß, dass viele meiner Kommilitoninnen in dich verknallt waren. Doch du bist überhaupt nicht mein Typ. Warst es nie. Verzeih."

„Gut so. Und wie steht es derzeit um dein Liebesleben?"

„Vergiss es. Lass uns über etwas anderes reden. Zum Beispiel über Dessert."

„Ist doch klar, was wir bestellen."

„Okay. Einverstanden."

Nach wenigen Minuten bestellen sie. Kurz erklärt der Ober: „Sie wissen, das braucht etwas Zeit."

Sie erklären, dass sie das wüssten.

## Zwischenfall

An dem Baum hing nur noch ein Apfel. Ganz allein inmitten grüner und sich leicht gelblich verfärbender Blätter.

Einfach so. Zärtlich rot eingefärbt mit einigen ebenfalls gelblichen Flächen. Fast leuchtete er, obwohl sich in diesem Augenblick die Sonne hinter weißen Wolken versteckt hatte.

Auch dieser Baum stand völlig isoliert inmitten einer großen grünen Fläche. Lediglich im Hintergrund, jedoch wirklich weit entfernt, ein offenkundig harter Felsen aus braunem Gestein. Dieser ragte wie ein Solitär aus der Grünfläche heraus. Eher bedrohlich als schön.

Unter dem Baum standen zwei Tiere. Grau bis bräunlich gemustert mit hellen langen Schnauzen, die sich deutlich von dem restlichen Grau ihrer Köpfe absetzten.

Sie standen bloß herum. Unter dem Baum. Auf ihren jeweils vier etwas knöchern wirkenden Beinen.

Doch nach einigen fast endlos scheinenden Momenten näherte sich eines der beiden Tiere dem anderen.

Stupste sogar, wenn auch offenkundig behutsam, das andere Tier in dessen Flanke.

Das erschrak, sprang ein wenig zur Seite. Blieb dann jedoch stehen und wackelte mit den großen Ohren und blickte sich tatsächlich nach dem anderen um.

Das andere näherte sich erneut. Rieb leicht seine Flanke an der anderen Flanke, schubste etwas und hob seinen Kopf.

Fast sahen sie sich, wenn man das Bild richtig interpretiert, gegenseitig in ihre Augen. Die sich unter langen Wimpern bewegten.

Man hätte gar angesichts dieser Situation denken können, sie würden beide lächeln. Nur, das ist komisch, lachen und lächeln und schmunzeln Tiere einfach nicht. Was bedauernswert ist.

Dennoch kamen sich die Köpfe der beiden Tiere langsam immer näher, bis sie sich berührten.

Darüber der Apfel am Baum inmitten der großen grünen Fläche und im Hintergrund der karge Felsen.

Sehr vertraulich und offensichtlich ohne Ängste standen die beiden Tiere so beieinander, verwickelten ihre Ohren und brummten irgendwie. Man hätte fast schreiben können, sie hätten miteinander geschmust. So zutiefst liebenswürdig. Eine schier bezaubernde Geschichte. Vielleicht eine Liebesgeschichte.

Doch auf einmal verzogen sich die weißen Wolken und überstrahlte die Sonne die gesamte Szene. Und genau zu diesem Zeitpunkt stürzte der Apfel.

Dieser lief zuerst heftig rot an. In demselben Augenblick verfärbten sich alle Blätter des Baumes schwarz, tief schwarz, und der Felsen entfernt im Hintergrund barst.

Gewissermaßen ganz langsam stürzte der Apfel. Gab dabei eigenartige Töne von sich, schrie etwas, das sich anhörte wie „Galileo", beschleunigte seine Fahrt und krachte schließlich auf die Köpfe der beiden Tiere.

Die zuckten kurz, blieben völlig starr. Aber allmählich trennten sich ihre beiden Köpfe voneinander. Wenig später fielen sie um. Lautlos.

Die Sonne strahlte intensiv, der Felsen im Hintergrund war verschwunden, die ausführliche grüne Fläche verwandelte sich in ein langweiliges Braun.

Und die beiden, die sich so nahegekommen waren, ruhten bewegungslos und voneinander entfernt auf dem Boden. Genau im Zentrum zwischen ihnen der Apfel. Der verhältnismäßig rasch schrumpfte und sich auflöste.

Jahrzehnte oder Jahrhunderte später würde Gabriel kommen und alles simpel aufräumen. Merkwürdigerweise – weil historisch so vergnüglich – unterstützt von einem Petrus.

## Weiter im Exil

„Es ist langweilig mit mir, hm." Sein Tonfall verrät einfach nicht, ob das ernst gemeint ist.

Sie lässt es dabei bewenden, reagiert nach einigen Minuten des Schweigens doch: „Das ist bloßer Narzissmus. Das weißt du. Unter deinem Niveau."

„Okay", er knüllt an seiner Serviette herum, „man sucht immer nach Bestätigung."

„Hast du nicht nötig. Wirklich nicht."

„Naja."

Das Gespräch verstummt für einige Zeit. Irgendwie warten beide auf die Nachspeise, wieder über Unwichtiges oder nicht ganz so Wichtiges sprechen zu können. Oder über wirklich Wichtiges.

Sie unternimmt den Versuch der Fortsetzung: „Lachen Tiere? Das habe ich mich immer gefragt." Sie runzelt nahezu ihre ansonsten so glatte Stirn unterhalb der blonden Haare.

„Ich glaube: Nein. Aber freundlich von dir, auf diesem

Weg nun doch zum Problem zurückzukommen."

„Mist. Das wollte ich gar nicht." Sie wirft ihre Serviette fast wütend auf den Tisch. „Nein. Schnell. Red über was anderes."

„Hilft nichts. Wir müssen darüber verhandeln. Mich macht das völlig fertig."

„Das habe ich geahnt. Gefürchtet, als du angerufen hast. Scheiße. Ich will darüber nicht sprechen."

„Kein Ausweg. Wirklich keine Möglichkeit, das zu ignorieren."

Sie greift nach dem Weinglas, trinkt und dann: „Was willst du darüber reden. Es ist schrecklich. Ende."

„Simple Fragen", ebenfalls er trinkt erst einmal vom Wein, dann auch noch Wasser: „Zum Beispiel die, seit wann die Sender wussten, dass das Mulis waren. Da in der Kantstraße."

„Mulis. Welch freundliche Bezeichnung. Maultiere waren das." Irgendwie spielen Servietten in manchen Gesprächen eine sehr eigenartige Rolle. Denn man kann sich an ihnen festhalten, sie zum Mund führen und so tun, als ob man sich über den Mund wischt, oder sie knittern, auf den Tisch werfen, damit winken und dergleichen.

„Kennst du den Unterschied zwischen Maultieren und Mauleseln?"

„Nein. Weiß ich nicht. Interessiert mich im Moment auch nicht."

„Noch einmal: Seit wann wussten die Medien, dass das Mulis waren?" Das klingt wirklich insistent. Fordert eine Antwort.

„Ich", sie antwortet ziemlich nervös klingend, „habe das alles lediglich am Rand mitbekommen. Wir sind Kultur-Redaktion. Aber zugegeben, die Aufregung und die vielen Nachrichten erreichten auch uns."

„Seit wann?" Er grunzt dies nahezu.

„Mann, hör auf, in diesem Ton mit mir zu reden." Sie greift wieder einmal nach der Serviette: „Am Anfang herrschte in allen Medien das blanke Chaos. Niemand wusste etwas, aber alle haben geschrien. Ihre Reporter in die Stadt gejagt. Die nichts gefunden haben. Bloß Mythen. Irgendwelche Massen, die die Kantstraße zerstörten. Das war alles. Bis zum frühen Abend."

„Und dann? Was wusste man dann?"

„Weiß ich nicht. Ich habe dann den Sender verlassen. Feierabend."

„Himmel. Du musst doch mehr wissen." Er drängelt.

„Nö. Gar nichts." Sie schüttelt ihren Kopf: „Warum willst du das überhaupt erfahren? Lass uns doch über Theodor Lessing oder über irgendetwas anderes reden. Wirklich."

„Geht nicht. Mich hat das so angegriffen."

„Jetzt sag nur noch, du hast Mitleid mit den Maultieren." Sie blickt ihn sehr direkt an: „Zuzutrauen ist dir das ja."

„Du kennst mich. Aber was du nicht weißt", er zögert ein wenig, fährt dann fort: „Kürzlich habe ich mich tatsächlich mit den Maultieren und Mauleseln theoretisch beschäftigt. In Literatur und in populärer Kultur sind die wirklich präsenter als du glaubst. Und nun das. Hier in Berlin."

„Warum Maultiere? Das ist doch nicht naheliegend."

„Na, weißt du zum Beispiel, dass im römischen Reich die Mulis so angesehen waren, dass Tierärzte ‚mulimedici' genannt wurden? Oder dass die sehr offensichtlich auf der Trajanssäule zu finden sind?"

„Muss ich das wissen? Muss das irgendwer wissen? Es gibt wirklich Wichtigeres in unserer Gegenwart."

„Naja. Immerhin geht es bei den Maultieren um sogenannte Mischlinge." Er faltet seine Serviette sorgfältig zusammen: „Einige sprechen in diesem Zusammenhang

kleinen Abzweig in den Fluss gebaut und dann den Sand gesiebt. Wieder und wieder gesiebt. Noch einmal und noch einmal.

Über wahrscheinlich Monate hin hatte er nichts gefunden. Jedoch auch nicht aufgegeben. Stets den Sand erneut zuerst durch das gröbere Sieb geschüttet, dann durch das mit den feineren Maschen. Nichts. Immer wieder nichts.

Wie das jedoch stets so geschieht: Gerade, als er hatte aufgeben wollen und allein noch an der Stelle beim Fluss bleiben musste, weil er sich an einer Baumwurzel den rechten Fuß verstaucht hatte, da rieselte goldener Glanz in seine Hände.

So hatte er emsig und entschlossen weitergearbeitet, gewissermaßen wahnhaft. Bis zum Umfallen.

Und dabei vier große Beutel mit diesem grobkörnigen goldigen Sand gefüllt.

Beutel, die nun, verknüpft mit einigen Seilen, neben seinen Beinen herunterhingen und so ebenfalls von dem Maulesel geschleppt werden mussten.

Ein wenig verbreiterte sich der Weg, und vor ihnen öffnete sich eine Lichtung. Umstanden von einigen Büschen und Bäumen, bewachsen mit Präriegras.

„Stopp, halt an!" Der Mann mühte sich zu brüllen, seufzte jedoch nur.

Dennoch verharrte der Maulesel und drehte langsam seinen langen Kopf in die Richtung des Mannes.

Der ergriff die langen Ohren des Tiers, nahm diese als Halt und ließ sich langsam vom Rücken des Maulesels auf den Boden gleiten. Dort blieb er vorübergehend liegen. Allerdings mit offenen Augen.

Dies bescherte den beiden wenigstens, dass er plötzlich aufschrie: „Pumas! Mindestens zwei!"

Der Maulesel stellte seine Ohren steil auf und hob seinen Kopf.

Tatsächlich, zwei Pumas schlichen in noch einiger Entfernung von den beiden durch das Gras. Sie schlichen in Kreisen, die sie immer enger zogen.

Der Mann, ohnehin nur noch erschöpft und ausgemergelt, blieb auf dem Boden liegen und verkrampfte seine Arme über seinem Kopf. Aussichtslos. Da hilft noch nicht einmal Gold.

So konnte er nicht sehen, wohl aber hören, welcher Spektakel jetzt begann. Die Pumas nämlich zischten garstig und fauchten fürchterlich.

Der Maulesel stand völlig still. Bewegte sich überhaupt nicht. Oder doch, nämlich allein die Augen.

Als die beiden Pumas, die den am Boden liegenden Mann erst einmal gar nicht beachteten, vielmehr das Tier anzugreifen suchten, also sich mit großer Geschwindigkeit auf es stürzten: Da ertönte aus dem offenen Maul des Maulesels ein so schriller Laut, dass nahezu die Erde oder zumindest das Gras erbebte. In demselben Augenblick schlug es mit allen vier Beinen ziemlich gleichzeitig so heftig aus, dass seine Hufe brutal die Körper der beiden Raubtiere trafen.

Die jaulten entsetzt auf, nahmen noch einmal Anlauf, steckten erneut heftigste Tritte ein, die dieses Mal aufgrund der wahrhaftig unglaublichen Kraft und Geschwindigkeit der Bewegungen des Maulesels entsetzlich schmerzhaft sein mussten.

Tief verletzt und gekränkt zogen die beiden Pumas davon. Jammerten dabei laut vor sich hin. Einige Zeit, dann waren sie verschwunden.

Der Maulesel beruhigte sich, senkte nach einiger Zeit seinen Hals mitsamt dem Kopf zu dem immer noch mit verschränkten Armen im Gras liegenden Mann hinunter und berührte leicht dessen linke Schulter.

Der erschrak zuerst, hob dann sehr vorsichtig seinen Kopf und blickte noch vorsichtiger in der Gegend herum. Wirklich, keine Pumas oder andere wilde Tiere in Sicht.

Der Maulesel schnaufte. Vermutlich, ihn zu ermuntern.

Langsam rappelte der Mann sich auf. Zuerst auf seine beiden Knie, noch einmal ein Blick in die Gegend, schließlich erhob er sich und stand auf beiden Beinen.

Sanft und regelrecht andächtig streichelte er den Hals des Maulesels. Einige Male. Fast, so schien es, wäre er ihm um den Hals gefallen.

Etwas später zurrte er die Seile, an denen die vier Beutel mit dem Goldstaub hingen, zurecht, denn diese hatten sich durch die exaltierten Bewegungen des Maulesels völlig ineinander verwirrt.

Das brauchte lediglich einige Minuten. Danach stellte er sich vor den Maulesel, schaute in dessen große Augen, über denen so elegant die langen Wimpern sich erhoben.

Dann kletterte er mühsam wieder auf den Rücken des Tieres und gab ihm einen leichten Klapps auf das Hinterteil.

Der Maulesel trottete los, überquerte mit leicht wiegendem Schritt die Lichtung bis hinein in einen neuen schmalen Weg. Die Richtung schien klar.

So ging das immer weiter. Einige zusätzliche Überraschungen kreuzten ihren Weg, hielten sie aber nicht auf.

Zu berichten ist lediglich noch, dass – schon konnte man im Tal einen Ort erblicken, von dem der Mann wusste, er könne dort eine Bank finden, den Inhalt der Beutel gegen sehr viel Geld einzutauschen – plötzlich vier Reiter ihren Weg versperrten. Diese forderten eindeutig die unverzügliche Übergabe der Gold-Beutel.

Rabiat unterstützt wurde diese Forderung durch vier Pistolen in den Händen dieser Reiter.

„Ich gebe auf", der so erschöpfte Mann glitt langsam

vom Rücken des Maulesels auf den Boden. Sodann zog er an den Seilen mit den Beuteln, riss so heftig daran, dass diese den Rücken des Maulesels wirklich verließen.

Doch in diesem Augenblick, also gerade, als der Mann die Beutel an den Stricken fest in seinen Händen hielt – in diesem Augenblick gab er dem Maulesel einen Tritt und stürzte sich selber vom Weg hinweg auf die erneut mit Gras bewachsene Schräge, die den Hügel hinab etwa fünfzig Meter in die Tiefe zu dem Ort im Tal führte.

Der Maulesel sprang erschrocken hoch und auf die andere Seite des Wegs. Und die vier Reiter verloren zwar den Überblick, schossen aber aus ihren Pistolen.

Doch zuerst aus deren Blickrichtung nach rechts, wo sie den Maulesel empfindlich trafen. Denn der knickte mit den Vorderbeinen ein, gab einen traurigen Laut von sich und fiel um.

Erst dann schossen die Reiter hinter dem Mann her, der, begleitet von den vier Beuteln, den Hügel durch das Gras hindurch nach unten strauchelte. So unruhig, dass keiner ihrer Schlüsse ihn traf. Nur in einem der Beutel entdeckte man später ein Loch und eine Patrone.

Das Ergebnis ist klar: Die Reiter jagten davon, der Mann erhielt bei der Bank sehr viel Geld im Tausch gegen die mit Goldstaub gefüllten Beutel. Der Maulesel löste sich irgendwann auf.

## Letzte Lockerung

Die Topfenknödel sind verzehrt, die Begeisterung über deren leckeren Geschmack geäußert, die Bestecke liegen auf den nun leeren Tellern.

„Das ist schon ein sehr schöner Platz hier. Macht Spaß, und das Essen ist fantastisch." Sie tupft mit der Serviette ihre Lippen ab, ergreift ihr Glas mit dem Wein, hebt es zu ihrem Mund und trinkt.

Er nickt. Und etwas später: „Charles Darwin hat angesichts der Mulis davon geschrieben, in diesem Fall habe die Kunst über die Natur gesiegt. Eine wunderbare Einsicht. Und das bei ihm."

„Fängst du wieder davon an? Ich dachte, wir hätten das erledigt." Sie stellt ihr Glas langsam auf den Tisch.

„Zumindest theoretisch sollte dich das doch interessieren." Auch er nippt am Wein: „Das ist sowieso spannend. Da wird der Text von Darwin immer als ,Überleben des Stärkeren' übersetzt. Schwachsinn. Darwin schreibt ,fittest' und beschreibt damit die Spezies, die sich am besten, und das heißt am besten an die Umstände angepasst, durchsetzt. Das sind die Parasiten, die Viren, die Bakterien. Verloren haben die großen Tiere, die Dinosaurier und ähnliche."

„Naja. Stimmt schon." Doch, sie schaut zumindest vermeintlich nachdenklich drein. Dann kommt von ihr: „Der Wein ist schon wieder leer. Was jetzt? Noch einen Wein? Oder was anderes?"

„Eine dritte Flasche wird dann doch zu viel. Man könnte ein Glas nehmen." Er kratzt sich demonstrativ, so wirkt das, an seiner rechten Stirnseite. Dann legt er nach: „Ich nehme lieber eine alte Pflaume. Vieille Prune. Die ist super. Außerordentlich schmackhaft."

„Warum alte Pflaume?"

„Das ist Pflaumen-Schnaps, der für einige Zeit im Fass gelagert wird und dadurch eine dunkle Farbe und viel mehr Geschmack annimmt. Solltest du probieren."

„Na gut", offenkundig sucht sie Übereinstimmung, „dann bestell mal."

Was er tut, und der Ober, der schnell kommt, versteht sofort und notiert erneut mit offensichtlichem Wohlwollen.

„Du lenkst ab."

„Meine Güte", sie bewegt nervös ihre Hände auf dem

Tisch, „ich möchte den Abend genießen. So oft sehen wir uns doch nicht. Und so oft bin ich nicht in diesem tollen Restaurant."

„Aber das mit Darwin müsste dich doch interessieren. Einfach so. Als soziales und kulturelles Phänomen."

„Hör auf. Du willst doch nur über die Maultiere reden. Und benutzt den armen Darwin, um mich da hineinzuziehen. Das ist nicht fair."

Der Ober bringt zwei kleine Gläser und eine bauchige Flasche, stellt alle drei Objekte auf den Tisch vor sich hin, zieht mit seiner linken Hand oben an der Flasche, die er in der rechten Hand hält, einen Korken ab, gießt mit offenem Mund die hellbraune oder eher rötliche Flüssigkeit nacheinander in die beiden Gläser, ohne diese festzuhalten.

Tendenziell steckt er den Korken wieder auf die Flasche, blickt sich aber noch einmal am Tisch um, registriert eine gewisse Zustimmung und schüttet noch einmal nach. Beide Gläser sind nun bis zum Rand gefüllt.

So übergibt er diese den beiden Gästen, zaudert, aber macht sich dann doch aus dem Staub.

„Siehst du. Das ist die alte Pflaume. Du solltest zuerst einmal daran schnuppern. Eigentlich reicht das schon. Sehr fein."

Beide neben ihr Glas und schnuppern.

„Wunderbar. Wie das duftet."

„Und jetzt vorsichtig trinken." Er lächelt zufrieden.

Beide trinken. Und sie kann nach dem ersten Schluck ihre Begeisterung nicht verbergen: „Super. So etwas habe ich noch nie getrunken. Unglaublich."

## Das Selbst am Auto

Der Autobus passierte gerade die Ausfahrt „Porta Westfalica" auf der Autobahn in Richtung Dortmund und Köln.

Hans Peter G. (aus juristischen Gründen darf der Nachname nicht genannt werden) lenkte den Bus. Versonnen fiel sein Blick auf den Tachometer, und er reduzierte ein wenig den Druck auf das Gaspedal.

Hans Peter G. war Busfahrer. Schon seit etlichen Jahren. Und seit nun zwei Jahren fuhr er fast immer dieselbe Strecke. Mal von Berlin über Hannover und Dortmund nach Köln oder sogar nach Düsseldorf, mal von Hannover über Köln und Mannheim nach Basel. Klar, stets dann auch den Weg zurück.

Sehr früh morgens hatte er angefangen. Zuerst den Bus aus dem Depot geholt, von dort aus in der Nähe des Hannoverschen Bahnhofs Passagiere eingesammelt. Meist junge Leute, die sehr verschlafen und übernächtigt in den Bus stolperten, ihm die Tickets zeigten und sich einen Platz suchten. Die hatten kaum Gepäck.

Alles üblich. Verschreckt hatte ihn lediglich eine Katze, die plötzlich vor seinem Bus an ihm vorbeilief. Ohne den Bus oder ihn zu beachten.

Mittlerweile hatte er diesen Schreck fast vergessen. Der Bus war halbwegs gefüllt, und die Leute schliefen bis auf wenige. Einige mit Knöpfen im Ohr und einem Telefon auf dem Bauch, andere einfach so.

Er hatte in Hannover den Schnellweg in der Nähe der Herrenhäuser Gärten genommen, war von dort aus auf die Autobahn abgebogen und an jenem Teich mit dem enthusiastischen Namen „Blaues Meer" vorbeigefahren. Dann Wunstorf, die Fahrt über den Mittelland-Kanal. Eigentlich alles normal.

Gut, in seinem Kopf krachte und brummte es. Immerhin hatte ihm gestern seine Lebensgefährtin beim

Abendessen erklärt, sie würde ihn verlassen.

„Wenn du übermorgen wiederkommst, werde ich nicht mehr hier sein."

Er hatte das nicht glauben können, nachgefragt, ob sie denn einen anderen hätte.

„Nein", sie brachte andere Argumente hervor, wie: „Wir sehen uns doch sowieso nie. Du bist immer unterwegs, und wenn du zuhause bist, dann schläfst du. Das ist doch kein Leben. Dafür bin ich zu jung" und ähnliche Vorwürfe.

Das Essen, ohnehin bloß sehr trockene Bratkartoffeln mit noch weichem Spiegelei, war stehen geblieben, gar nicht mehr angerührt worden. Sie hatten gestritten, bis er sich gegen Mitternacht hingelegt hatte.

Ein blöder Streit, bei dem einige Türen geknallt und Gegenstände durch die Luft geworfen worden waren. Nicht schön. So hatte er das noch nie erlebt noch sich vorstellen können.

Trotz ihrer Tränen hatte er sich einfach hingelegt. Jedoch schlecht geträumt. Außerdem musste er nur wenige Stunden später sowieso aufstehen, zum Bus laufen, diesen in Gang setzen und sich durch den Verkehr hindurchtasten.

Alles nicht einfach. Er blickte in den Rückspiegel, beobachtete erst den Verkehr, darauf die Leute.

Ein Fernbus ist für die Fahrgäste kein wirkliches Vergnügen. Aber billig. Und das macht, dass sie dafür bezahlen und mitfahren.

Draußen die Landschaft war mittelmäßig beeindruckend. Kurz hatte er die Weser gesehen. Hier ein sehr kümmerlicher Fluss.

Seine Lebensgefährtin – komisch, dass sich in seinem Kopf immer wieder diese Bezeichnung für sein Verhältnis zu ihr durchsetzte – war beim Frühstück schon nicht mehr anwesend gewesen. Sie hatte ihn wohl noch in der

Nacht verlassen. Was er vor lauter Albträumen nicht mitgekriegt hatte.

Nicht einmal ein Zettel, keine Notiz. Er hatte auf das Frühstück verzichtet. Und nun ergriff ihn allmählich der Hunger.

Immerhin konnte er seinen aufdringlichen Durst erst einmal löschen. Denn eine Flasche mit Wasser gab es für die Fahrer in jedem der Busse.

So beugte er sich leicht nach links, um sich mit der linken Hand die Flasche zu angeln.

Doch die rutschte weg, er musste sich noch tiefer bücken und mit der Hand suchen.

Dann hatte er sie, hob sie und damit ebenfalls seinen Kopf. Was dazu führte, dass er sehr scharf auf die Bremse treten musste. Weil nämlich direkt vor ihm die Rückfront eines Lastwagens auftauchte, den er auf der Suche nach der Flasche völlig übersehen hatte.

Er bremste wirklich sehr scharf. So sehr, dass der Bus leicht ins Schleudern geriet.

Nur Bruchteile von Sekunden, dann hatte er das wieder im Griff und setzte zum Überholvorgang an.

Doch bei dieser Aktion waren viele der Menschen im Rückraum des Busses aufgewacht. Einfach nur erschrocken oder sogar, weil sie durch den Ruck und das Schleudern gegen die jeweiligen Vordersitze – in diesen Fernbussen ist alles sehr eng – geflogen waren und vor Schmerzen oder vielleicht auch nur vermeintlichen Schmerzen schrien und schimpften.

So in dieser Form: „Alter, kannst du nicht fahren" und „Dumme Socke, hast du überhaupt nen Führerschein" oder „Willst du uns umbringen, du Selbstmörder" oder pur „Mann, pass doch auf".

Er beachtete das zumindest vordergründig gar nicht, verdrängte auch das Hupen von Autos hinter seinem Bus, die er durch das plötzliche Ausscheren nach links zu Bremsmanövern genötigt hatte.

Er fuhr mit dem Bus an dem Lastwagen vorbei, dessen Fahrer heftig mit den Händen gestikulierte, entdeckte im Rückspiegel, dass er ihn ausreichend überholt hatte, und lenkte zurück in die rechte Spur der Autobahn.

Die im Rückraum murrten noch einige Zeit, schliefen aber bald wieder ein oder tippten und strichen auf ihren Telefonen herum. Dann merken die zwangsläufig sowieso nicht, was um sie herum geschieht.

Ja, seine Lebensgefährtin war morgens einfach verschwunden gewesen. Offenbar hatte sie noch in der Nacht, er hatte das anstelle des Frühstücks flüchtig untersucht, einen Koffer genommen und einen Teil ihrer Kleidung eingepackt und aus der Wohnung getragen. Keine Ahnung, wohin sie gegangen war.

Immerhin beschäftigte ihn das so sehr, dass er aus seiner rechten Jackentasche sein Telefon herausfischte.

Obwohl er wissen musste, dass beim Autofahren man nicht telefonieren darf. Er versuchte es dennoch. Drückte, indem er blinzelnd diese suchte, auf die Zahlen, die insgesamt ihre Telefonnummer ergaben.

Zwei bis drei Ruftöne, dann die langweilige Ansage, das angerufene Telefon sei derzeit nicht in Funktion.

Er warf sein eigenes Telefon vor sich auf den Boden. So haarscharf am Gaspedal vorbei, dass sein rechter Fuß zuckte und der Bus sich für einen Moment verlangsamte.

Wichtig, dass er sich jetzt wieder der Straße widmete. Denn in geringer Entfernung tauchte nicht allzu weit von der rechten Spur der Autobahn entfernt ein Brückenpfeiler auf. So richtig aus Beton. Einst komplett grau, jetzt teilweise mit Graffiti in Farben getaucht, an manchen Stellen mit Moos bewachsen und an anderen nur verfärbt.

Merkwürdig attraktiv. Wie sich diese Mahnmale von

Industriekultur im Lauf der Geschichte veränderten und partiell von Menschen in Besitz genommen wurden. Das besitzt seinen Reiz.

Schon sauste der Bus am Brückenpfeiler vorbei und unter der Brücke hindurch. Immer weiter in Richtung Dortmund und Köln.

Sollte er sich nun von einer Brücke stürzen. Aus Verzweiflung. Oder weiter den Busfahrer mimen. Denn tatsächlich hasste er seinen Job. Furchtbar. Immer dasselbe. Und dazu irgendwelche Idioten im Rückraum.

Doch seine alte Stellung in einem Büro hatte er schon vor vielen Jahren verloren. Die Firma hatte Insolvenz angemeldet.

Immer dasselbe Geschäft. Wenn genug Geld beiseitegeschafft ist, so dass die Angestellten nicht mehr bezahlt werden können, dann wird Insolvenz behauptet. Alle fliegen raus, Geld gibt es keins, und nach wenigen Tagen eröffnen die Besitzer des Betriebs einen neuen, nur unter anderem Namen.

So war auch er Hals über Kopf auf einmal arbeitslos geworden.

Da seine Lebensgefährtin, sie hatten schon damals zusammengelebt, nicht genug verdient hatte, musste er sich dringend einen neuen Job suchen. Damals hatte er noch geglaubt, auf seinen Führerschein für große Fahrzeuge stolz sein zu können, zumal er deshalb ziemlich schnell diese neue Anstellung als Busfahrer gefunden hatte. Heute wusste er, welches Verhängnis das für ihn gewesen und noch immer war.

Nun saß er hier herum, kurbelte an einem Lenkrad, trat auf irgendwelche Pedale und kutschierte irgendwelche Leute auf der Autobahn herum. Während die Frau, die er wohl geliebt hatte, abgehauen war.

Gelegentlich hatte er schon bei früheren Fahrten regelrecht geträumt, was wohl passieren würde, wenn er den Bus beispielsweise auf der Fahrt auf einer Brücke über einen Fluss ganz simpel hart nach rechts steuern, gezielt das Geländer treffen und den Bus in den Fluss stürzen würde.

Doch ihm war schnell klar geworden, dass er dies angesichts der stabilen Leitplanken auf deutschen Autobahnen kaum schaffen könnte. Aber der Gedanke schoss gelegentlich immer mal wieder durch seinen Kopf.

Den er jetzt eindeutig nach vorne ausrichtete, den anwachsenden Verkehr vor der Ausfahrt nach Bielefeld für sich zu kontrollieren. Da war viel los. Fast ein Stau.

So saß er da, hungrig und durstig, angespannt und zugleich gelangweilt.

Sind nicht, so sinnierte er für sich hin, sind nicht einige der Autounfälle in Wirklichkeit Resultat von Selbstmorden. Er war davon überzeugt. Und für manche, die sich ohnehin umbringen wollten, wäre das sehr plausibel. Denn bei einem Autounfall zahlt die Versicherung, bei Selbstmord nicht. Autos sind Tötungsmaschinen, dessen war er sich gewiss.

Dazu die Attraktion, einfach mal gegen einen Baum zu fahren. Zu gucken, was dann geschieht.

Trotz all der Trostlosigkeit musste er lächeln. Keine Chance, nach solch einem Unfall noch irgendwem erzählen zu können, wie das so war, gegen einen Baum zu rasen.

Schon wieder ein zu langsamer Lastwagen vor seinem Fenster. „Scheiße", entfuhr es seiner Kehle. Aber offensichtlich so leise, dass die da hinten nichts davon gehört hatten.

Außerdem gelang es ihm dieses Mal ohne scharfes Bremsen und ohne andere Fahrzeuge zu stören, den Bus nach links zu lenken und den Lastwagen zu überholen.

Er war sicher, sie würde nicht wiederkommen. Auch

wenn ihn das ziemlich deprimierte. Niemand würde auf ihn warten. Völlig egal, was er täte.

So saß er in seinem Fahrersessel. Einige graue Haare hatten sich in den letzten Monaten unter die ansonsten schwarzen gemischt, er war dünner geworden, einige Falten auf der rechten Seite seines Gesichts um den Mund.

Er schaute in den Rückspiegel, betrachtete sich. Aber dazu musste er diesen ein wenig verstellen, eben auf sich selbst ausrichten.

Was er durch einen schnellen Griff mit seiner rechten Hand tat. Doch, was er sah, konnte ihm nicht gefallen. Das war nicht mehr er selber, der einst so selbstbewusst durch die Welt spaziert war.

Er schüttelte sich, ohne dabei das Lenkrad zu bewegen. Doch er vermied, sich laut zu artikulieren. Auch wenn er spürte, wie sich seine Schultern verkrampften.

Bielefeld, sowieso eine langweilige Pudding-Stadt, war vorbei, die Landschaft wurde auch nicht attraktiver.

Hinten im Bus herrschte Stille. Als gäbe es dort lediglich einen leeren dunklen Raum. Dieser strahlte umso mehr so dunkel, als viele der dort Sitzenden die durchaus schlaffen und gewiss schmutzigen Plastikvorhänge vor die Fenster gezogen hatten, um entweder besser schlafen oder besser auf das Display ihres Telefons blicken zu können.

Eine Gruft, und vorne der Fahrer Hans Peter G., dessen Frau oder, wie er sich das vorstellte, Lebensgefährtin oder vielleicht Freundin davongelaufen war. Drum herum der automobile Verkehr, schroff, unbarmherzig, dicht.

Weil er seinen Rückspiegel zuvor etwas verstellt hatte, fiel sein Blick, der eigentlich nach vorne gerichtet sein sollte, nun doch ausgerechnet auf jenen Talisman, den ihm vor mehreren Jahren seine damals noch Lebensgefährtin geschenkt hatte, damit er immer an sie denke, und den er jeden Morgen bei Antritt einer Fahrt am Rückspiegel befestigte. Auf dass er ein wenig Trost fände.

Zuerst hatte er gewähnt, dies sei ein Esel. Auf jeden Fall sah es so aus, und er hätte sich auch nicht gewundert, wenn sie ihm genau dies aus Narretei geschenkt hätte. Doch vor einiger Zeit hatte er sich das Ding, es war etwa so groß wie seine Hand, genau angesehen und dabei entdeckt, dass unten auf dem Bauch des Tieres nicht alleine die Firma zu finden war, die das hergestellt hatte, sondern auch ein Hinweis auf das Tier, das es darstellen sollte: „Maultier" stand dort geschrieben.

Er hatte sich jedoch niemals Gedanken darüber gemacht, was das sei. Vielmehr sich gefreut, dass sie ihn also nicht für einen Esel hielt. Und nun schwankte das Muli da oben am Rückspiegel.

Der Verkehr hatte sich beruhigt. In der Ferne tauchte eine weitere Brücke auf, deren einer Pfeiler so nah an der Autobahn stand, dass die sogenannte Standspur ganz rechts, vorgesehen für kaputte oder abgestellte Automobile, an dieser Stelle überhaupt nicht existierte. Sie war eingespart.

Dafür strahlte der rechte Brückenpfeiler. Merkwürdige Graffiti sprangen ins Auge. Als ob Figuren ganz gebeugt davonlaufen würden. Blaue, gelbe, grüne und knallrote Figuren. Nur in den Umrissen sichtbar. Umso eiliger flogen sie auf dem Brückenpfeiler herum und versuchten, diesen zu verlassen.

Zum Glück hatten die Büsche, die sich so häufig neben den Autobahnen mausern, diesen Betonpfeiler missachtet. So blitzte der Pfeiler höchst attraktiv und grotesk in die Augen aller, die in dieser Richtung auf der Autobahn ihre Fahrzeuge steuerten.

Er konzentrierte sich jetzt völlig auf sich selbst – und

auf diesen Brückenpfeiler. Seine Augen stierten nach rechts vorne, der Rest des Körpers entspannte sich dabei.

Ganz automatisch schob sich sein rechter Fuß auf dem Gaspedal weiter nach vorne und beschleunigte so den Bus. Nicht heftig, aber gleichmäßig.

Der Brückenpfeiler stand dort, nun etwa zehn Meter von seiner Frontscheibe entfernt.

Das war genau der Augenblick, den Bus deutlich nach rechts zu lenken und Vollgas zu geben.

Der Bus raste mit voller Energie auf den Pfeiler zu, traf ihn präzise mit seiner eigenen Mitte an der Betonecke, dem Anfang der Graffiti, und zersplitterte mit ohrenbetäubendem Lärm.

Übrig blieben allein unzählige Einzelteile und die Graffiti.

## Zum letzten Mal im Exil

„Wie blöd", sie ringt ihre Hände, „jetzt sitzen wir richtig im Schlamassel. Wie blöd. Statt den Abend einfach bis zum Ende zu genießen."

„Mach mal halblang. Das ist wirklich ein so aufregendes Thema."

„Wie bitte? Da sind einfach ebenso dumme wie brutale Viecher durch die Stadt gejagt, haben alles zerstört und Menschen umgebracht. Und du willst über die reden? Das ist widersinnig." Sie nippt noch mal an der alten Pflaume. Was sie gleichwohl offensichtlich nicht beruhigt: „Vielmehr noch: Das ist richtig schlimm."

„Ganz ruhig. Das ist auch mir klar. Aber über diese Wesen, die du Viecher nennst, haben neben Charles Darwin sehr viele geschrieben, sie bewundert und geliebt." Seine Augen glänzen etwas triumphalistisch. Als hätte er alle überzeugt.

„Na und", sie ignoriert deutlich seinen pathetischen

Ausdruck. „Darwin hat viel Unsinn geschrieben. Kein Argument."

„Moment, Moment." Er trinkt schnell noch einen Schluck von dem köstlichen Schnaps: „Der wurde immer nur falsch übersetzt."

„Mann, was ist denn in dich gefahren. So kenne ich dich gar nicht. Gut, du hast immer gerne zitiert. Aber hier geht es nicht um Darwin und auch nicht um Dinosaurier, sondern um ein ganz fürchterliches Problem mit ein paar Maultieren."

„Und Mauleseln. Nicht zu vergessen."

Sie wechselt den Ausdruck ihrer Augen und starrt ihn regelrecht mitleidig an.

„Nein, nein. Ich bin nicht betrunken. Traurig bin ich. Und dein Mitleid solltest du für jene Tiere aufbewahren." Demonstrativ leert er sein Glas.

„Für jene Viecher? Warum?" Sie blickt an die Decke. „Niemals. Das sind Mörder. Soll ich Mitleid mit einem Tiger aufbringen, der gerade ein Kind gefressen hat?" Erbost schaut sie zu ihm hinüber: „Und dann für diese Biester? Niemals."

Vorübergehend herrscht Ruhe am Tisch. Es ist auch nicht mehr so früh, und an den anderen Tischen, sie zählt kurz durch, sitzen kaum noch Leute, lediglich vier an einem der Tische neben der Tür. Doch die bezahlen gerade.

„Ich will doch nur wissen, was ihr in den Medien inzwischen über jene Tiere wisst. Wo kamen die her"?

„Keine Ahnung."

„Wie konnten die alle auf einmal in die Kantstraße geraten? Das ist doch sehr merkwürdig."

„Haben wir uns auch gefragt. Aber keine Antwort."

„Haben Ärzte die toten Tiere untersucht?"

„Keine Ahnung."

„Wurden einige Tiere gefangen?"

„Hör endlich auf! Ich weiß es nicht. Und es interessiert mich nicht." Sie rückt ihren Stuhl zurück, bereitet sich offensichtlich darauf vor zu gehen.

„Hör doch mal, ich brauche Hilfe. Ich will das verstehen."

„Lass es. Der Abend ist kaputt." Ihre Augen deuten die Möglichkeiten von Tränen an.

„Komm", seine Stimme versucht sanfter zu werden, „treffen wir uns einfach noch einmal und vergessen inzwischen diesen Abend." Kurze Pause, dann: „Auf jeden Fall lade ich dich ein. Die Rechnung übernehme ich."

„Spinnst du. Ich bin doch nicht kein Begleitservice." Sie steht auf und wirft dabei fast ihren Stuhl um.

„Um Himmels willen. Jetzt reg dich nicht auf. Immerhin habe ich dich angerufen und dich somit eingeladen. Das war doch klar."

„Dann zahl." Sie schnappt ihre Handtasche: „Wenn du mich nächstes Mal anrufst, dann bitte mit einer anderen Perspektive. Und dann kein Wort über Mulis oder andere grässliche Tiere."

Er erhebt sich und hält ihr seine Hand hin, versucht fast, sie zu umarmen. Doch sie winkt nur flüchtig, dreht sich von ihm weg, fragt den Kellner: „Draußen stehen doch Taxis?" und geht nach dessen Nicken in Richtung Tür, stolpert ein wenig, erreicht diese aber, öffnet sie, rauscht hindurch. Die Tür schließt sich von selbst hinter ihr.

Ohne Aufforderung kommt der Kellner mit der Rechnung. Er überreicht dem gleich seine Kreditkarte, sagt dazu, wie immer „88 77, das ist die PIN Nummer". Schnell fügt er hinzu: „Ich brauche ein Taxi – und, ja ja, ich weiß, dass man die PIN nicht öffentlich machen soll, aber die wichtigen Organisationen und Unternehmen haben die doch sowieso schon."

„Taxis stehen vor der Tür – aber Sie sollten Ihre PIN

wirklich anderen nicht mitteilen". Der Kellner nimmt kopfschüttelnd die Rechnung mitsamt Kreditkarte und stapft in die eine Ecke des Raums und kommt mit dem Kreditlesegerät an den Tisch zurück und steckt die Karte hinein. Dann die üblichen schnarrenden Geräusche, und der Kellner reicht die Kreditkarte zurück und will den Beleg hinzufügen.

„Brauche ich nicht. Nur noch mehr Papier." Er beobachtet die Tür, wandert dann dorthin und durch sie hindurch.

Draußen im Taxi nennt er dem Fahrer den Namen des Hotels und fügt hinzu: „Chausseestraße".

## Alibis

Am nächsten Morgen klingelt um 9:00 Uhr das Telefon. Um ihn zu wecken.

Denn am Abend nach der Rückkehr aus dem Exil hatte er an der Rezeption einerseits noch sein Zimmer um einen Tag verlängert, da er sonst schon heute hätte abreisen müssen, und andererseits um einen Weckruf um 9.00 Uhr gebeten.

Der Mann an der Rezeption schien zwar etwas verschlafen, erledigte dennoch alles. Wenn auch unwirsch.

Er selber war dann in sein Zimmer gegangen. Also erst mit dem Fahrstuhl in die dritte Etage, dann links entlang, noch einmal links und die dritte Tür auf der rechten Seite.

Das Zimmer war ganz in Ordnung. Klar und ordentlich gestaltet, bequem, sonst nichts.

Er hatte, während er sich langsam auszog, das Radio eingeschaltet. NDR 3. Ein Klavierkonzert von Beethoven. Das Vierte. Nicht schlecht gespielt.

Er hatte nicht mitgekriegt, wer da spielte, aber die brachten sehr gut die Substanz des Stücks nach vorne, eben den ständigen und so aufdringlich hörbaren Konflikt zwischen Subjekt und Gesellschaft. Mal gemeinsam, in stiller oder lauter Übereinkunft, dann wieder in heftiger Auseinandersetzung.

Noch während der Musik war er ins Badezimmer halbwegs gestolpert, hatte die Toilette benutzt, sich oberflächlich gewaschen und die Zähne geputzt. Was man so tut vor dem Schlafengehen.

Es lohnt nicht, irgendetwas über den Schlaf niederzuschreiben. Der verlief normal, und an Träume erinnert er sich sowieso nur ungern und selten.

Das Telefon klingelt noch einmal, er hebt den Hörer ab. Aber es ist lediglich der Automat, der ihm mitteilt, er müsse nun aufstehen.

Das tut er, indem er sich auf die linke Seite dreht, sich schräg aufrichtet, das linke Bein zuerst auf den Boden setzt und dann steht. Danach – alles üblich und langweilig – der Gang ins Bad. Zuerst auf die Toilette, danach ab zum Waschbecken und Zähne putzen, jetzt die Dusche.

Die kann man in guten Hotels immer richtig genießen. Meistens. Zumal, wenn es keine Badewanne, sondern ausschließlich eine große begehbare Dusche gibt. Man läuft einfach rein, dreht das Wasser auf und erfreut sich an dem heftigen Strahl.

Ärgerlich nur, dass man sich danach so ausführlich abtrocknen muss. Irgendwie überflüssige Zeit.

Noch nackt zurück im Zimmer, begeht er den Fehler, den Fernseher einzuschalten. Alles voll von den schrecklichen Bildern des Vortages. Unmengen von Mulis, vor allem von toten Mulis. Dazu ein paar zerstörte Autos und viele panisch schreiende Menschen.

Er schaltet ein anderes Programm ein. Nicht besser, denn da plappert der Erzengel. Wendet sich an irgendwelche „Mitbürger", mahnt zur Ruhe und erklärt, man habe alles im Griff. Mehr fällt dem einfach nicht ein.

Nächstes Programm. Auch nicht informativer, denn da

redet die Engelsfrau. Klingt albern, aber die redet mit Engelszungen. Sanft, mütterlich, zuversichtlich. Inhaltlich jedoch nichts zu bieten.

Auf noch anderen Kanälen überall dasselbe: kreischende Leute, redende Politikerinnen und Politiker. Grässlich.

Er schaltet ab und zieht sich an.

Da er nur einmal übernachten wollte, bleibt ihm ohnehin keine Auswahl. Also das, was er schon gestern trug, weißes lockeres Hemd, schwarze Unterhose, ein einfacher schwarzer Anzug. Etwas später schwarze Socken und ebenfalls schwarze, etwas spitze Schuhe.

Fast immer, wenn er diesen Anzug anzieht, fällt ihm wieder merkwürdig auf, dass man unten an beiden Ärmeln die Knöpfe wirklich durch das Knopfloch stecken kann. Das hatte ihm einmal eine Mode-Designerin erklärt: Die Portiers von teuren Hotels würden sofort sehen, ob ein Anzug maßgeschneidert ist oder von der Stange. Denn, so hatte ihm die Designerin erklärt, ausschließlich Maßanzüge sind mit echten Knopflöchern ausgestattet, die normale Konfektionsware imitiert das Knopfloch lediglich, ist nur aufgenäht. Geht schneller und ist billiger. Aber doch irgendwie komisch.

Zugegeben, auch dieser Anzug war für ihn einst geschneidert worden. Allerdings recht preiswert in Hongkong. Dennoch mit diesem Extra, den Knopf am Ärmel durch das Knopfloch stecken zu können.

Angezogen, bewegt er sich aus dem Zimmer, jetzt auf dem Flur rechts und noch einmal rechts zum Fahrstuhl. Runter ins Parterre.

Dort blickt er sich um, fragt eine Angestellte und findet das Frühstück. Ist inklusive. Das macht er immer, weil es einfacher ist.

Kein schlechtes Frühstück. Nur hat er nicht sehr viel Hunger.

Er sucht sich einen Tisch, der Raum ist ziemlich gut gefüllt. Damit man weiß, dass dieser Platz nun von ihm besetzt ist, legt er seine Hotelkarte auf den Tisch.

Am Buffet schnappt er sich einen Teller und dann ein bisschen geräucherten Lachs und etwas Mett, dann noch ein Stück weichen Käse dazu. Der einzige, der geschmackvoll aussieht.

Dann noch auf dem Rückweg ein hässliches Brötchen. Außerdem bittet er eine Bedienung um schwarzen Tee.

„Darjeeling oder etwas anderes?" Sie nimmt das ernst. Gut so.

„Darjeeling bitte", er antwortet durchaus höflich.

Zurück am Tisch bricht er kleine Stücke aus dem Brötchen und beginnt mit dem Lachs.

Gerade dabei, etwas über den gestrigen Abend nachzudenken, stört ihn die Kellnerin. Die bringt den Tee. Nein, leider keinen richtigen Tee, sondern heißes Wasser in einer Kanne und dazu einen banalen Teebeutel. Aber Darjeeling.

Er dankt dennoch und wirft den Beutel in die Kanne.

Aufregend ist das alles nicht.

Die Menschen um ihn herum, er sperrt neugierig seine Ohren auf, reden über irgendwelche Termine, das Wetter und über Sachen, die er nicht versteht. Unwichtig. Kein Wort über gestern.

Naja, morgens ist alles immer noch etwas durcheinander.

Der Lachs schmeckt ganz gut, das Mett, auf das er sich so gefreut hatte, äußerst mittelmäßig. Nur die Hälfte ist jetzt verzehrt. Aber der Käse ist lecker. Er isst ihn ohne Brötchen. Schmeckt besser so.

Klar, der Tee gefällt ihm überhaupt nicht. Trotzdem trinkt er eine Tasse davon. Und blickt dabei in der Gegend herum. Also in dem Raum. Simpel, doch überzeugend eingerichtet.

Nun der nächste Fehler von ihm. Denn er sieht an einer Art Garderobe nicht weit von ihm ganz altmodisch einige Tageszeitungen hängen. Mit diesen grandiosen Holzlatten, von denen sie zusammengehalten und an denen sie aufgehängt sind.

Er rennt hin, greift sich drei und legt sie auf seinen Tisch.

Da knallen Überschriften. „Wildes Massaker in Berlin", „Massenmord durch grausame Tiere", „Gewalt in der Stadt", „Chaos". Dazu jeweils ein Foto, auf dem man nichts erkennt.

Immer dasselbe. Bloß große Buchstaben in aufdringlicher Reihenfolge auf Papier gepresst.

Er versucht, in der einen Zeitung, die er einst für vernünftig hielt, den Leitartikel zu lesen. „Alles Unsinn." Er schmeißt die Zeitung wütend vor sich hin.

Was entgegen seiner Absicht so laut klingt, dass einige Menschen von Nachbartischen aufmerken und zu ihm herüberschauen.

Er guckt auf seinen Teller und tut so, als sei nichts gewesen.

Just in diesem Moment fällt ihm auf, wie lange er nicht mehr geraucht hat. Nun gut, er raucht nur gelegentlich. Aber so lange Abstinenz.

Dies motiviert ihn, alles so auf dem Tisch liegen zu lassen und sich vor die Tür des Hotels zu begeben.

Heute ist es etwas kühler als gestern. Die Sonne schafft es einfach nicht, sich gegen einige dunkle Wolken durchzusetzen. Fast müsste man sich sorgen, es könnte regnen. Demnächst.

Aber richtig kühl ist es nicht. Und vor dem Hotel existiert sogar ein brauchbar aussehender Außenbereich mit Stühlen und Tischen.

So setzt er sich, Platz genug gibt es, holt aus der rechten Innentasche seines Jacketts das Päckchen mit den

Zigarillos hervor, öffnet es, nimmt ein Zigarillo heraus. In der rechten Außentasche des Jacketts findet er ein Feuerzeug.

Als er das Feuerzeug entzünden will, kommt eine Mitarbeiterin des Hotels und fragt ihn nach einer Bestellung. Das überrascht ihn zwar, doch fast automatisch ordert er einen Espresso. Tut gut nach dem Frühstück.

Nun raucht er. Wirklich genüsslich. Wahrscheinlich auf Lunge. Doch das ignoriert er.

Der Espresso kommt, er zahlt gleich, schüttet aus der auf der Untertasse liegenden Papiertüte Zucker in den Espresso und rührt nachdenklich im Kaffee herum.

„Es gibt Menschen, die so lange gerührt haben, bis ihnen der Arm abgefallen ist." Offenkundig versonnen treiben seine Gedanken diesem Satz hinterher. Da ist etwas dran. Nur fällt es ihm derzeit nicht ein.

Also legt er den Löffel beiseite und trinkt. Schmeckt gut und ist auch heiß genug.

Die Straße ist nicht schön, aber belebt. Ziemlich viele junge Menschen laufen an seinem Tisch vorbei. Zu zweit oder allein. Nicht besonders munter. Aber so ist Berlin.

Aus der anderen Innentasche des Jacketts fischt er das Telefon heraus, hält es sich vor Augen, schaltet ein und sucht anschließend nach einer Nummer.

Er drückt auf die entsprechenden Tasten und wartet.

Offenbar meldet sich jemand am anderen Ende, er nennt seinen Namen, und schon beginnt ein kurzes Gespräch.

„Wo bist du?"

Er erklärt, dass er vor diesem Hotel säße, rauche und den Angerufenen gerne treffen würde.

„Super. Klingt gut. Und du wirst es kaum glauben, ich habe gerade Zeit."

Er äußert seine Begeisterung darüber.

Der am anderen Ende fährt fort: „Ich komme einfach

in dein Hotel. Dann können wir miteinander reden. Eine halbe Stunde schaffe ich, mich aus der Redaktion herauszunehmen."

„Großartig. Wunderbar. Dann warte ich hier."

„Alles klar. Bis gleich."

Er steckt das Telefon zurück in jene Innentasche und legt sein weitgehend aufgerauchtes Zigarillo in den Aschenbecher, der vor ihm auf dem Tisch herumlungert und auf dieses Ende regelrecht wartet.

## Wüst

Kamelrennen. Irgendwo, genau konnte man das nicht bestimmen, aber auf jeden Fall in einem arabischen Land. Wahrgenommen in der Fernseh-Übertragung. Auf irgendeinem Kanal, der plötzlich beim Herumspielen mit der Fernbedienung auftauchte.

Arabische Musik. Dazu im Bild erst einmal einige Kamele. Die stolzierten mit ihrem auffällig höfischen und arroganten Schritt hochnäsig über den Bildschirm. Etwa zehn, und im Hintergrund unendliche Wüste.

Eine andere Kamera. Einige Männer im weißen Burnus lungerten herum und schienen sich im Takt der Musik zu bewegen. In den Händen lange Stöcke oder Peitschen, die sie wie Tänzer im Verlauf ihrer Bewegungen zur Musik pendeln ließen. Nicht wirklich Tanz, vielmehr bewegten sie sich sehr merkwürdig, als ob sie vom Wind dazu veranlasst worden waren oder als wären sie Algen gewesen, die in den Fluten taumelten.

Noch dieselbe Kamera, nur mit offenerem Visier. Ein fettes Auto, wahrscheinlich Rolls Royce, bog nach langer Anfahrt durch den unaufhörlichen Sand in das Bild hinein und hielt vor den Tänzern an, die eigentlich gar keine waren und nur nach arabischer Musik quasi schunkelten.

Alles in Slowmo.

Nun, da jenes Auto vorfuhr, standen die Tänzer unmittelbar still. Außerdem stoppte hinter dem dicken Automobil ein Jeep oder ein aufgetakelter Riesen-SUV.

Aus dessen vorderer rechter Tür sprang ein Uniformierter, spurtete zu dem davorstehenden Fahrzeug, stellte sich neben dessen hintere Tür auf der rechten Seite und öffnete sie mit einer tiefen Verbeugung.

Es dauerte eine Weile. Dann streckte sich ein Fuß mit Sandale heraus, der Kontakt zum Boden suchte, und kurz danach hievte sich ein korpulentes männliches Wesen aus dem Wagen, ebenfalls im Burnus, jedoch mit einer sehr farbigen Kopfbedeckung, die recht locker weit über seine Schultern reichte und am Kopf durch einen roten Ring befestigt war. Bestimmt ein Scheich oder so ähnlich. Der winkte arrogant in die Runde und schlenderte vom Auto weg auf die Kamele zu.

Diejenigen Männer, die sich zuvor noch schwingend mit ihren Peitschen oder flexiblen Stöcken bewegt hatten, verneigten sich leicht und schlossen sich dann in entsprechendem Abstand dem Mann an. Dahinter nun drei Uniformierte, gewiss zum offiziellen Schutz jener korpulenten Person.

Die Kamera verfolgte diese kleine Karawane: Man schritt gemächlich über den braunen Untergrund. Sonst war außer Wüste nichts zu sehen.

Wechsel der Kamera. Einige Leute, offenbar allesamt Männer und alle in weißen Gewändern. Lediglich die Kopfbedeckungen variierten.

Die Kamera zog die Perspektive auf und nun konnten diejenigen, die sich das Fernsehprogramm anschauten, sehen, dass jene Karawane sich sehr langsam dieser Gruppe von Leuten näherte.

Akustisch übrigens dominierte die ganze Zeit über arabische Musik mit ihren so speziellen Wellenbewegungen und dazu, stets etwas hintergründig, die Töne anfänglich der Autotüren und jetzt von sprechenden, gleichwohl keineswegs verständlichen Menschen.

Die Gruppe war, so zeigte die Kamera, angekommen, alle Anwesenden hatten für den neuen Gast eine Gasse geöffnet, bis er vor ihnen stand.

Ansonsten wurde weiterhin geschwatzt, miteinander geplaudert und mussten sich alle, die dies beobachteten, fragen, was an diesem gesamten Prozess besonders und warum dies Bild interessant sein sollte.

Jene Typen, die sich zuvor wie im Meer wellenförmig bewegt hatten, standen erneut nebeneinander und ergötzten sich offenkundig daran, sich weiterhin mit Peitsche oder Stock in beiden Händen vor dem Gesicht, wobei dieser Gegenstand fast bis zum Boden reichte, tänzerisch zu winden. Zugegeben, außerhalb der vor Ort verwickelten kulturellen Bedingungen hätte das sehr narzisstisch gewirkt.

Neuer Blickwinkel: Großaufnahme eines Kamels. Der Kopf und der obere Teil des Halses. Zweifellos beeindruckend. So von der Seite mit dem großen offenen linken Auge. Unbeweglich. Wie eine Statue. Und dennoch auf eine gewisse Art lebendig.

Weitere Kamelköpfe erschienen auf dem Bildschirm. Eines nach dem anderen und dann alle in voller Größe. Zehn Kamele. Jeweils vor ihnen ein Mann in grauer Kutte, der je ein Kamel an einer Leine führte.

Zwischendurch Großaufnahme auf den Rücken eines der Kamele. Dort saß zwischen den Höckern ein schwarzer Kasten.

Denen, die sich auskannten mit den dortigen Gepflogenheiten, war wahrscheinlich sofort klar, dass dies ein Computer sein musste. Der als Jockey fungierte. Nämlich als Ersatz für jene kleinen und meist ausländischen armen Kinder, die man zuvor über Jahrzehnte dafür benutzt hatte, bei Kamelrennen die Tiere anzutreiben und zu steuern. Das machten seit etlichen Protesten und seit einiger Zeit nun Computer. Gewissermaßen Kinder-Computer.

Zwischen den Höckern dirigierten also solche elektronischen Teile die Kamele. Unklar, wie. Womöglich durch Stiche oder einfach elektrische Impulse. Bestimmt nicht schmerzlos für die Tiere. Aber unauffällig.

Die Kamera zog auf. Man sah jetzt die zehn Kamele nebeneinander aufgereiht vor einer Art Seil. Sich in ähnlicher Weise wiegend wie zuvor oder immer noch jene paar Männer.

Dasselbe Bild. Ein Schuss, und das Seil schnellte in die Höhe. Worauf die zehn Kamele allesamt losrasten. In einer eigenartigen Form von parallel gesteuertem Galopp.

Das Bild wechselte von der Abbildung der auf einer Bahn rasenden Kamele hin zu den Leuten am Rand. Seltsam, während ganz ansichtig die Kamele sich anstrengten und von den Computern gesteuert gegeneinander kämpften, schauten die Männer kaum dorthin. Sie plauderten sichtbar oder wogten für sich hin und sortierten sich gelegentlich um den sehr korpulenten Mann, dem Scheich oder so, herum.

Irgendwann endete das Rennen, wurden die Kamele von den Männern mit den grauen Kutten eingefangen, erneut an die Leine genommen.

Ein Kamel, wohl der Sieger, wurde von einem Mann mit Kutte zu dem offensichtlich wichtigen männlichen Wesen geführt, das sich nun zu diesem umdrehte, dabei aus der Hand eines der Uniformierten ein mit bunten Bändern geschmücktes Metall übernahm und dies, nachdem der Kopf des Tieres heruntergezogen worden war, an dessen einem Ohr befestigte. Auf dass alle anderen Männer dabei zuschauten, auch kurz applaudierten und das Tier weggeführt wurde.

So geschah das mehrfach. Die Männer quatschten miteinander, eine Kamera zeigte erst einzelne und dann mehrere Kamele, die rannten, während die Leute das nicht beachteten, und am Schluss gab es jeweils solch ein buntes Metallstück am Ohr eines Kamels. Dazu ohne Unterlass arabische Musik.

Erst nach etwa einer Stunde solcher Prozesse, denen man nur wegen der Absurdität zuschauen mochte, veränderte sich plötzlich die Bildwelt. Die Kameraperspektive eröffnete den Blick auf eine offenbar ausdrücklich komische Situation.

Denn statt der Profile und der Rennen von Kamelen und unaufmerksam quasselnden Leuten stapfte ein einem Esel ähnliches Tier auf den Bildschirm, auf dessen Rücken eine kleine und völlig bunt gekleidete Figur sich flegelte und lachte. Mit einem großen schwarzen Hut, auf dem rote und gelbe Flecken strahlten, außerdem mit völlig weißem Gesicht und einer langen Nase, die wie eine Mohrrübe aussah.

Ja, ein Pierrot oder bloß ein Narr. Beide zuständig für die Unterhaltung. Der erste mit sprachlosen Gesten, der zweite als der, der ständig erzählen musste. Auf jeden Fall männlich. Weibliche Narren oder Pierrots gab es einst und gibt es noch heute in vielen Kulturen nicht.

So zappelte und zottelte also jenes Tier, das da wie ein Esel aussah, aber doch etwas anders, nämlich ein Maulesel sein musste, mitsamt der närrischen Figur auf dem Rücken auf der Rennbahn herum, die zuvor von den Kanälen traktiert worden war. Ein wirklich liebenswürdiges Pärchen.

Anders als bei den Kamelrennen schauten die am Rand stehenden Männer mit ihren Umhängen diesmal zu. Auch jenes besondere männliche höhere Wesen.

Der Maulesel begann zu traben, der Joker auf seinen Rücken hopste dabei eklatant und musste seinen Hut festhalten, damit dieser sich nicht von seinem Kopf entfernte. Die Figur lachte dabei weiterhin. Wenn auch inmitten der Wüste, etwas eingefroren.

Es brauchte einige Minuten – und die Schar der Zuschauer blickte gebannt dem Vorgang zu – und wurde nach wie vor durch arabische Musik, allerdings in diesem Augenblick etwas nervöserer, begleitet.

Die beiden, also Maulesel und Narr oder Pierrot, näherten sich allmählich dem, was zuvor schon augenscheinlich als Ziel gelten sollte. Also nicht weit entfernt von den Zuschauern.

Dabei hüpfte mittlerweile das Muli und tanzte auf seinem Rücken die Figur.

Applaus wurde über den Lautsprecher übertragen, weiterhin untermalt von der Musik.

Nur einen Moment später winkte, die Kamera übertrug dies dezidiert, der korpulente und zweifellos so wichtige Mann mit der bunten Kopfbedeckung und erhielt, völlig überraschend für die am Bildschirm, von einem der Uniformierten ein Gewehr. Ein Schnellfeuergewehr.

Wirklich, eine deutlich als solche identifizierbare Waffe. Mit einem goldenen Abzug.

Diese übernahm der, stellte sich drastisch in Positur, hob das Gewehr, zielte.

Mehrere Schüsse. Der Maulesel sprang hoch, die Figur auf seinem Rücken hielt sich noch fest. Doch dann brachen beide zusammen. Blieben einfach liegen. Regungslos, heftig blutend. Auch das Wams des Pierrots rötete sich.

Tot.

Große Zustimmung in der Runde der Zuschauer, manche klatschten vor Freude in die Hände. Und jene Tänzer, die eigentlich gar keine waren, sich lediglich bewegt hatten, verneigten sich tief vor dem, der geschossen hatte.

Der selber reichte das Gewehr zurück, hob die Hände und strahlte über das ganze Gesicht. Da flog auch noch ein Falke zu den Toten und ergriff im Flug den Hut des Narren, zog einen Kreis und warf ihn vor den so schieß-wütigen Mann. Alles Ritual.

Gleich danach tauchte auf dem Bildschirm Werbung auf. In arabischer Sprache für eine Automobilfirma, eine Fluggesellschaft und für, das war leicht lesbar, McDonald's.

## Produx

Mit wahrnehmbarer Freude klopft jemand auf seine beiden Schultern: „Du bist es wirklich."

Er springt auf und dreht sich um: „Raimund Herbst. Die Stimme habe ich sofort wiedererkannt."

Sie umarmen sich, man stimmt überein, hier sitzen zu bleiben.

„Du solltest ebenfalls einen Espresso bestellen. Ich trinke dann auch noch einen."

„Klingt gut." Der Neue nickt: „Guter Platz hier. Und man darf rauchen."

Beide ergattern sich ihre jeweiligen Materialien zum Rauchen, der neue Ankömmling nestelt aus einer Pa-ckung „Lucky Strike" eine Zigarette heraus, dazu ein Feuerzeug.

„Meine Güte, haben wir uns lange nicht mehr gese-hen." Dabei entzündet er sein Zigarillo: „Das muss ja vier oder fünf Jahre her sein."

„Klar. Ich weiß noch genau, das war damals in Basel, als wir beide bei so einer komischen Konferenz an der Hochschule über die Zukunft digitaler Prozesse reden sollten."

„Stimmt. Ich erinnere mich." Er lacht: „Ich denke, ich habe damals viel Unsinn geredet. Hat sich alles völlig anders entwickelt."

„Tut es doch immer. Und mein Vortrag war auch nicht besonders intelligent."

Sie bestellen, ein Kellner läuft gerade an ihnen vorbei, zwei Espressi.

„Mann, wie geht es dir?"

Er nimm zwei Züge, bevor er antwortet: „Eigentlich ganz gut. Und über Probleme reden wir gleich." Nach einem weiteren Zug aus dem Zigarillo: „Und du? Bist du immer noch bei der Zeitung?"

„Nein, schon seit drei Jahren nicht mehr. Mittlerweile arbeite ich für ein Magazin. Geht gut. Da habe ich mehr Freiheit."

Die beiden Espressi werden gebracht mitsamt den kleinen Zuckerpäckchen. Man reißt es an einer Ecke auf und streut den Zucker in die Tasse.

Angeregt rühren sie um und reden dann. Einfach darüber, was so in den vergangenen Jahren geschehen ist, wie das jeweilige Leben sich entwickelt hat. Was man halt so redet, wenn man sich lange nicht mehr getroffen hat.

„Ein Wasser wäre gut", der, der Raimund Herbst heißt, äußert dies. Da er wieder einmal nickt, wird eine Flasche Wasser bestellt. Stilles Wasser.

Zum Glück regnet es nicht, obwohl sich einige dunkle Wolken über ihnen auftürmen.

Das Wasser kommt, wird in die beiden Gläser gegossen. Dann hebt er an: „Hast du das gestern mitgekriegt?"

„Du meinst das mit den Maultieren?" Der trinkt einen Schluck Wasser. „Nicht leibhaftig. Ich kam erst am Abend aus Hamburg zurück. War dort im Headquarter." Noch ein Schluck. „Danach wurde ich damit konfrontiert. Entsetzlich."

„Ja. Und weißt du etwas darüber, was dann in der Nacht passiert ist?"

„Sehr merkwürdig. Hast du schon gehört, wo man die

meisten jener Tiere gefunden hat. Heute Morgen? Erstaunlich und noch verwirrender."

„Nein, erzähl."

„Wird wahrscheinlich bald öffentlich verbreitet." Der zündet sich eine neue Zigarette an: „Du wirst es nicht glauben, aber Massen dieser Tiere lagen morgens zwischen den Steinen des Mahnmals in der Nähe des Brandenburger Tors. Einfach so. Alle tot. Aber ohne irgendwelche Wunden. Keiner weiß, warum die gestorben sind. Und auch nicht, warum die ausgerechnet dahin gelaufen sind."

„Eigenartig. Ich dachte, die wären am Ernst Reuter Platz von der Hardenbergstraße aus nach links gerannt. Wie kommen die dann in die Gegend?"

„Das fragen wir uns alle auch. Die müssen in der Nacht wieder rechts abgebogen und zurückgelaufen sein. Völlig unbemerkt von der Polizei und all den anderen. Das versteht niemand."

„Und warum?"

„Auch völlig unklar. Ein schlichtes Rätsel."

Noch ein Zigarillo bei ihm, eine Zigarette bei dem anderen. Der setzt fort: „Ein wahnsinniges Bild. Glaub mir. Du wirst das morgen in allen Zeitungen sehen. Völlig verrückt."

„Der Architekt wird ausflippen."

„Oder begeistert sein."

„Stimmt, kann auch passieren. Aber jetzt sei doch mal ehrlich: Weiß man wirklich nichts über die Hintergründe?"

„Über alles wird bloß spekuliert. Da knallen Leute den blödesten Irrsinn in die Welt. Vor allem online. Erspar dir den ganzen Mist auf Twitter und Instagram. Bringt nichts. Überhaupt nichts."

In den folgenden Minuten verliert sich das Gespräch in Allgemeinplätzen. Ist also ganz unwichtig.

Bis er gewissermaßen zum Thema zurückkommt: „Hast du mal davon gehört, dass so ein Kybernetiker wie Norbert Wiener mit Tieren rumexperimentiert hat? Weil diese Typen glaubten, über die Tiere an die künstliche Intelligenz heranzukommen, die sie den Computern aufladen wollten. Ziemlich hässlich."

Sein Gegenüber lacht: „Gewiss. Hat doch schon Leibniz gemeint, wenn sich alles in die Null und die Eins auflösen ließe, sei die Welt wunderbar in Ordnung. So sind die."

„Der Untergang von Mitteleuropa statt Verbesserung?"

„Kommt gut. Nur heißt es diesmal, es sei real."

„Also königlich. Passend zur männlichen Virtualität."

„Wie kommst du jetzt darauf?"

„Naja, in der spanischen Sprache hat das Reale unmittelbar mit den Königen zu tun, und virtuell kommt es von der lateinischen Fassung ‚Mann'."

„Also beides unsinnig."

„Zumindest die Trennung der beiden ist Quatsch. Als seien das Gegensätze."

Kaum hat er diesen Satz beendet, beginnt es zu regnen. Was Raimund Herbst zu der Anmerkung veranlasst: „Immerhin, der Regen ist real. Gibt's also doch."

„Vom König angeordnet? Du spinnst."

Gerade wollen sie aufstehen, dem Regen zu entrinnen, da fährt sehr schnell ein Glasdach über den Außenbereich des Hotels, wo sie halbwegs noch sitzen. So bleibt es trocken, und die beiden verharren am Tisch und auf den Stühlen.

„Keineswegs Realität. Der Regen existiert außerhalb von uns. Vielleicht."

Sie schmunzeln und nippen jeweils an ihrem Glas.

## Lieblingsstraße

Eine der schönsten oder zumindest eigenartigsten Straßen in Sydney ist die Darling Street.

Von der Innenstadt aus erreicht man diese am besten mit einer normalen Fähre, die vom zentralen Fährhafen gleich am berühmten Opernhaus vorbei schwimmt, kurz nach links abbiegt und dabei die wunderschöne Aussicht in das gewaltige Wasser-Gewirr bietet und unter der nicht minder berühmten Harbour Bridge hindurch fährt. Ein kurzer Stopp am gegenüberliegenden Ufer, erneut nach links, und etwa zehn Minuten später landet man am unteren Ende der Darling Street. Also immer noch Innenstadt von Sydney. Nur verästelt sich diese Metropole in vielen Buchten und Stadtteilen.

Dort angekommen, führt die Straße leicht bergan, stets geradeaus erst an einigen Gärten entlang, dazu allmählich einige Häuser und auch abzweigende kleine Straßen rechts und links.

Ein ziemlich winziger Kreisverkehr unterbricht und verlangt ohnehin von denen, die den Linksverkehr nicht gewöhnt sind, einige Anstrengung, die eigenartige Kreisel-Bewegung des Uhrzeigersinns auf diesen zu projizieren. Auf der linken Seite jetzt ein üblicher Supermarkt, aber dann auf beiden Seiten sehr schöne kleine Läden und auch Cafés.

Immer noch ansteigend bis zu einem, wenn man das so nennen will, Gipfel. Übrigens die ganze Zeit nahezu parallel zum Wasser, nur kann man das nicht sehen. Man müsste schnell rechts abbiegen und wäre nach wenigen Minuten am Ufer.

Auf der Höhe beidseitig je ein Restaurant. Nein, das eine ist eher eine Bar mit sehr guten Cocktails, dafür gegenüber ein für diese Stadt durchaus typisches Restaurant, in dem kein Alkohol ausgeschenkt wird. Nicht schlimm, denn man kann sich den Wein oder anderes mitbringen und zahlt ein kleines Aufgeld dafür, dass dieser geöffnet, Gläser bereitgestellt und eingegossen wird – Korkgeld heißt das.

Ach ja, die Straße führt noch weiter bis zu einer Schnellstraße, auf der man bis zu einer Autobahn Fahrzeuge bewegen kann. Nicht mehr so aufregend oder entspannend. Obwohl man auf diesem Weg das Sydney College of the Arts passiert.

Soweit, so schön und lebendig. Aber richtig verrückt geht es zu, wenn man an einem sonnigen Nachmittag im späten Herbst, etwa im Mai oder Juni, unten vom Wasser aus nach oben läuft. Denn dann steht die Sonne bekanntlich sehr tief im südlichen Osten, strahlt so mit aller ihr zur Verfügung stehenden winterlichen Macht in diese Straße hinein.

Leicht vorstellbar, wie sehr und ungeheuerlich dies diejenigen blendet, die die Straße in dieser Richtung beschreiten. Die Menschen, die das tun, sehen fast nichts mehr. Selbst, wenn sie Sonnenbrillen aufgesetzt haben.

Klar, wir befinden uns hier in einer ganz anderen Klimazone mit intensiver Sonnenstrahlung. Schön, wenn man sich bräunen will, gefährlich, wenn die Sonne einen anschaut. Intensiv. Unendlich.

So ging das auch den beiden, die sich nebeneinander auf den Weg gemacht hatten, diese Straße, immerhin die Darling Street, zu erkunden oder sogar für sich zu erobern.

Sie hatten ebenfalls unten am Wasser begonnen. Neugierig sich umgeschaut, sich gelegentlich sogar ein wenig gegenseitig gestupst, die oder den anderen auf etwas aufmerksam zu machen.

Am Kreisverkehr vorbei blieben sie auf der rechten Seite. Dabei schüttelten sie immer wieder ihre Köpfe, suchten irgendwo Schatten auf dem Weg, um überhaupt etwas gegen die Sonne zu erkennen.

Teilweise, das konnte man deutlich wahrnehmen, halfen sie sich gegenseitig, nicht aus der Richtung zu geraten oder gar den Fußweg zu verlassen, auf dem sie ganz ordentlich zu gehen sich bemühten.

Leicht war die Bahn nicht, auf der sie dort entlang trotteten. Aber schön. Sie quietschten regelrecht ab und an. Und schnupperten in die Läden hinein. Gelegentlich verbunden mit wohligen Lauten.

Doch schon kurz vor dem Gipfel, der in dieser Weise zu enthusiastisch benannt wäre, gaben sie auf, drehten sich nach kurzer Verständigung um.

Wie sie staunten. Jetzt nämlich erblickten die beiden erstmals ihre Schatten. Unglaublich. So lange Schatten. Die reichten über etliche Meter. Veränderten sich, wenn beide sich bewegten, spielten auf der Straße, flogen über parkende Autos hinweg.

Beide tanzten vor Überraschung, sie gaben dazu vergnügte Töne von sich.

Sie blieben stehen und beobachteten völlig versonnen ihre Schatten. So lang und mit solch seltsamen Formen. Waren sie das wirklich selber? Diese in die Länge gezogenen Figuren. Mit endlos langen Beinen und völlig verformten Körpern.

Beide schüttelten die Köpfe, stellten die Ohren in die Höhe und schienen völlig verdutzt.

Mal ein Bein heben und das Abbild davon auf der Straße beobachten. Verrückt.

Danach hoben beide jeweils zwei Beine. Wie mit einer Marionette konnten sie mit ihren Schatten spielen, diese gewissermaßen kontrollieren.

Beide blickten sich kurz an, nickten, so musste man das interpretieren, und sprangen letztlich in demselben Moment mit jeweils allen vier Beinen in die Höhe. Fantastisch, wie sich das in den Schatten widerspiegelte. Traumhaft.

Bedeuten Schatten die eigentliche Identität? Als Spiegelbild mitsamt übrigens dem üblichen Problem der Spiegelbilder, sich ganz anders zu sehen, als die anderen einen sehen. Nämlich seitenverkehrt. Oder doch seitenrichtig? Du hebst den rechten Arm und die oder der gegenüber den linken.

Unsere gesamte Identität verläuft in der eigenen Wahrnehmung über die Spiegel. Noch drastischer über die Schatten. Denn die sind leer, einfach schwarz oder grau – und flach.

Wenn jedoch diese Schatten in dieser Form einzigartig und umso mehr in der Darling Street den jeweiligen Narzissmus beflügeln: Können wir dann akzeptieren, dass andere, die aneinander vorbeigehen, achtlos auf uns drauftreten? Einfach so unsere Identität belästigen oder sogar ruinieren?

Und was machen diejenigen, die in ihren Schatten sich endlich selber erkennen, mit der so verwirrenden Tatsache, dass sich dieser abhängig von der Sonne ebenso wie von den eigenen Bewegungen fortwährend verändert? Gut, wenn es immer die eigene Beweglichkeit wäre. Dann könnte man das hinreichend kontrollieren. Doch alles ist abhängig vom Licht. Das sich permanent in neuer Strahlkraft darstellt und Einfluss nimmt.

Nein, man muss gar nicht seinen Schatten verkaufen. Die Irritation ergibt sich bei jedem Sonnenstrahl. Also müsste man eigentlich ständig Wolken herbeiwünschen, die Sonne zu verdecken und jeglichen Schatten verhindern.

Bloß: Gibt es uns dann überhaupt noch? Ohne Schatten. Hat ihn dann doch der Teufel in Kooperation mit den Wolken gestohlen? Uns die lebendige Besonderheit genommen?

Die beiden damals in der Darling Street mitten in Sidney verspürten offenkundig diese Probleme. Denn nach dem Staunen und der Freude entfaltete sich bei ihnen allmählich Nervosität. Tatsächlich gingen einfach andere auf ihre Schatten, traten diese mit den Füßen. Außerdem flogen andere Schatten über ihre Schatten.

Sie reagierten verschreckt, schnaubten zuerst, versuchten das eine um das andere Mal, Menschen daran zu hindern, ihre Schatten zu ignorieren und mit den Füßen zu treten.

Doch die verstanden nicht, ignorierten das, wehrten sich sogar, wenn die beiden solche Leute wegschubsen wollten. Was sowieso kaum machbar war, weil einerseits ihre Schatten so sehr ausuferten, dass sie deren Ränder überhaupt nicht erreichen konnten. Und andererseits, so mussten sie sicherlich betrübt feststellen, sausten ihre Schatten ihnen immer davon, wenn sie energisch versuchten, die Leute am Betreten zu hindern. Da sie sich doch selber dann bewegen mussten und mit ihnen überraschenderweise ihre Schatten auch durch die Gegend flogen. Nicht beherrschbar waren.

Genervt rannten die beiden die Straße hinunter, andere Fußgänger zu vermeiden. Also über den Kreisverkehr hinaus in den ruhigeren Bereich der Straße hinein.

Außer Atem unterbrachen sie ihren Lauf, als sie wirklich alleine auf dem Fußweg standen und sich noch nicht einmal Autos an ihnen vorbeidrückten.

Sie standen ganz nah beieinander, mit ihren Köpfen weiterhin in Richtung des Wassers, also nach unten zum Anlieger der Fähre blickend. Die Sonne weiterhin im Rücken und die Schatten vor sich.

Nun wunderten sie sich erneut. Der Grund: In schier zauberhafter Weise verschmolzen in diesem Sonnenstrahl ihre beiden Schatten zu einem Dritten. Zu einer wunderschönen und gewiss auch sehr üppigen neuen Figur. Zu einem gemeinsamen Wesen zweifellos.

Das musste die beiden überraschen. Denn allen oder

wenigstens den meisten der Mulis ist ihr Trauma klar, dass selbst bei einer ja an und für sich fast sinnlosen und bestenfalls anregenden Vereinigung zwischen den Geschlechtern nichts geschieht. Keine Nachkommen und kaum Lust. Egal, ob sie das wollen oder nicht. Und selbst der Versuch einer Vereinigung, so teilten und teilen diesen die Wissenschaften allerorten mit, biete kein Vergnügen.

Doch in diesem Augenblick, sich über die Schatten vereinigt wahrnehmen zu dürfen und dazu von der Sonne, die doch bekanntlich alles an den Tag bringt, so intensiv angestrahlt und gewärmt zu werden: Pure Euphorie ergriff die beiden.

Stets mit dem Blick auf diesen vereinigten und so traumhaft wabernden Schatten begannen sie zu tanzen. Sie schmiegten sich aneinander, lösten sich ein wenig voneinander, stöberten sofort wieder ihre Köpfe und wenig später die Körper zusammen, sprangen – sie lernten schnell – gemeinsam in die Höhe, landeten sanft und suchten, sich zu umarmen.

Was für ein Bild und welches Glück. Leidenschaft hatte sie ergriffen. Glückselige Bewegungen und süßeste Töne, die die gesamte Umgebung erfüllten. Eine endlose Geschichte.

Nur wirbelten plötzlich Wolken über den Himmel, schoben sich vor die Sonne, bedeckten sie und nahmen ihr jegliche Strahlkraft auf die Darling Street. Nahezu wurde es dunkel, und die Leute, die Sonnenbrillen trugen, setzten diese ab.

Die beiden, die gerade Verliebtheit oder sogar Liebe entdeckt hatten, blieben erschüttert stehen. Ihre Schatten waren weg. Keine Figur der Vereinigung. Nichts. Lediglich ein allgemeines Grau.

Noch verharrten sie, blickten sich erschrocken an, rieben ihre Körper aneinander, suchten verzweifelt ihren gemeinsamen Schatten und fanden nichts.

In denselben Moment, sie hatten sich gegenseitig noch einmal angeschaut und sich kurz mit ihren Körpern berührt, rasten sie los, stolperten gelegentlich fast, weil sie mit ungeheurer Geschwindigkeit die Darling Street hinunterliefen, nicht aufhörten zu rennen.

Auch nicht, als sie das Ufer erreicht hatten. Deshalb stürzten beide mit Schwung und, während sie sich ein wenig berührten, vom Ufer in das Wasser.

Womit sie zumindest in dieser Gegenwart für immer verschwanden. Zugleich aber geschah noch etwas Seltsames: Kaum waren die beiden im Wasser verschwunden, da schmolzen jene Wolken, die die Sonne versperrten, und lösten sich in einen endlosen Tränenregen auf.

## Mauerblümchen

Eine Kellnerin des Hotels lungert schon seit einiger Zeit in der Nähe ihres Tisches. Wartet offenkundig auf eine neue Bestellung. Wenn man hier schon herumsitzt, dann soll man wenigstens etwas verzehren.

Sie machen das, bleiben entspannt und ordern noch eine Flasche stilles Mineralwasser.

Das überzeugt die Kellnerin wohl nicht besonders, hat sie wahrscheinlich auf eine Bestellung mit einem höheren Preis gewartet. Aber sie trollt sich und kommt relativ schnell wieder mitsamt der Flasche. Die sie ostentativ und wolkig wie dieses Wort weder öffnet noch gar dazu nutzt, ihre Gläser zu füllen.

Raimund Herbst nimmt den Gesprächsfaden von vor dem Beginn des Regens wieder auf: „Ich weiß zwar wirklich nicht, warum dich dies alles so interessiert. Also unterstelle ich einfach allgemeines Interesse an politischen Vorgängen."

„Das ist gut so. Berichte doch bitte weiter, was ihr in den Medien schon wisst. Ich bin einfach neugierig." Er zögert, fährt dann jedoch im neutralen Ton fort: „Klar, das berührt auch mich."

„Na gut. Dann berichte ich dir mal, was noch überhaupt nicht bekannt ist." Raimund Herbst zupft aus seinem Jackett einen Zettel hervor: „Lies mal. Das haben wir gefunden und versuchen nun verzweifelt zu erraten, welche Sprache das sein kann und was es bedeutet. Du musst es mir aber zurückgeben."

Der Herbst reicht ihm mit seiner linken Hand einen DIN A 5-Zettel über den Tisch.

Er nimmt ihn und liest: „nur Verwirrung Emily nur Polo er sehr würde vier Co. akzeptieren Naturproblem. Es verhinderte Probleme sorgfältig die viel viel, die sozial Infos die kommt Tradition Diners so viel. Nun sagte sie zur Lieferung im E Vulgo lernen April Emanzipation. Sie wirklich akzeptiert Natterer Aktivität. Er sieht die Notarielle Expedition wurde dieser."

Raimund Herbst beobachtet sehr angeregt sein Gesicht. Doch er reicht ihm zuerst wortlos das Papier zurück.

Langsam beginnt die Mittagszeit, und immer mehr Menschen strömen an den beiden, die dort vor dem Hotel sitzen, vorbei. Sie kommen aus den Büros, die in dieser Straße vielfältig angesiedelt sind.

Es braucht einige Zeit, bis er antwortet: „Leg mich nicht fest, aber das muss ein Fehler eures Computers sein. Möglicherweise war das ein Text eigentlich französischer oder russischer oder polnischer Sprache. Den euer Computer nicht verstanden hat und einfach algorithmisch in die deutsche Sprache transformierte."

„Aber da ist von Emanzipation die Rede. Du magst ansonsten recht haben, nur können wir das nicht mehr korrigieren. Also müssen wir versuchen, die kleinen Anhaltspunkte in diesem Text zu verstehen. Dann verstehen wir vielleicht das ganze Ereignis."

„Woher hast Du das?"

„Kam übers Netz von einer unbekannten Adresse zu uns."

„Habt ihr die Anschrift überprüft?"

„Klar. Wir sind doch nicht blöd."

„Ich weiß nicht. Aber du könntest recht haben." Er zaudert, spricht aber weiter: „Man könnte einige Kernwörter herausgreifen und dazu einige Gedanken entwickeln. Also zu Naturproblem, Polo, vulgo, notariell und Tradition." Gedankenpause, doch kurz darauf: „Emanzipation hast du ja schon erwähnt. Das ist eigenartig. Spricht auf jeden Fall von Unglück. Meinetwegen auch von eben der Verwirrung, die sich gleich am Anfang ergibt. Seltsam."

„Stimmt. Aber komisch, dass dieser Text, obwohl wahrscheinlich durch den Computer missverstanden, dennoch von so etwas redet." Raimund Herbst streicht mit dem Zeigefinger seiner rechten Hand über sein rechtes Auge, das er dabei schließt, gleich wieder öffnet: „Aber was machen wir jetzt damit. Hilft uns das weiter, irgendetwas zu verstehen?"

„Vielleicht. Wenn das überhaupt verständlich sein kann. Ich bin da ziemlich skeptisch."

Der Regen nimmt etwas zu, und mittlerweile purzeln Tropfen vom Glasdach auf die Straße. Aber die beiden tangiert das keineswegs. Allein die Leute, die an ihnen vorbeiströmen. Nicht alle von denen verfügen über einen Regenschirm. Manche ja und haben diesen aufgespannt, andere laufen im Versuch, dem Regen zu entrinnen.

„Noch etwas." Der Raimund mit dem Nachnamen Herbst lässt seine Augen ein wenig schalkhaft leuchten: „Hast du schon mitbekommen, dass es tatsächlich eine Website mit dem Titel ,Maultierfreunde.com' gibt?"

„Nein. Glaube ich nicht. Das wäre bizarr."

„Doch. Die gibt es wirklich."

„Und was findet man dort?"

„Sehr seltsame Angaben. Da werden alle möglichen Maultiere mit Namen ausgestattet, und dann ganz viele Fotos von Menschen mit ihren Maultieren oder nur Maultiere, die sich gerade in der Sonne suhlen oder auf einer Wiese rumtoben und so. Völlig bekloppt, aber auch spannend in unserem Zusammenhang."

„Habt ihr da mal nachgefragt, ob die irgendetwas über diese Aktion in Berlin wissen?"

„Selbstverständlich. Für wen hältst du uns. Nur wussten die überhaupt nichts. Die feiern ihre Maultiere nur."

„Was sind das für Leute? Seit wann gibt es diese Website?"

„Seit einiger Zeit, und die Leute sind ganz einfach Fans von Maultieren. Sprechen aber nie auf der Website und in ihren Nachrichten über deren substantielle Probleme. Die reden nur von Liebe zu den Maultieren. Und wenn Probleme benannt werden, dann betrifft das die Tierärzte und letztlich niemanden sonst."

„Also keine Hilfe." Er zieht seine Stirn etwas in Falten: „Völlig idiotisch. Die haben nichts vorausgesehen von dem, was hier in Berlin passiert ist. Dubios."

„Stimmt. Und niemand weiß, was nun zu tun ist und wie das von gestern interpretiert werden muss. Alle sind sich nur einig darin, dass das schrecklich war."

„Aber du", er gießt stilles Wasser in sein Glas und leert es in einem Zug, „du musst doch irgendetwas tun. Wie wirst du darüber berichten?"

„Ich weiß es nicht. Ich denke, ich halte mich aus dieser Sache raus. Was soll ich schon machen? Alle berichten über das Entsetzliche und über den Schrecken, und niemand ist interessiert daran, was da eigentlich passiert ist." Kurze Pause, dann: „Du weißt doch, in vier Wochen ist das vergessen. Nicht in den Hinterköpfen der Menschen, aber in den Medien. Dann wird es irgendeine andere Katastrophe geben, einen Wirbelsturm oder ein Erdbeben oder eine dumme Äußerung eines Politikers – und schon wird das vermarktet. Vergiss es. Wir beide glauben immer noch, man müsste verstehen oder das wenigstens versuchen. Keine Chance."

„Das sagst ausgerechnet du. Der seinen Beruf doch so ernst nimmt." Er schüttelt seinen Kopf so sehr, dass seine Haare fast um seinen Kopf fliegen: „Aber ich verstehe dich. Das ist völlig vertrackt."

Beide trinken Wasser und schweigen. Für etliche Zeit.

Dann fragt der Herbst nach: „Was wirst du nun tun?"

„Weiß ich auch noch nicht. Aber auf jeden Fall danke ich dir für die Offenheit. Die habe ich sonst nirgendwo in dieser Sache gefunden."

„Kein Problem. Du weißt, ich schätze dich sehr. Aber irgendwie kommen wir nicht weiter." Raimund Herbst schaut etwas betrübt drein: „Außerdem, bitte entschuldige, muss ich jetzt los. Die Redaktion wartet auf mich. Ist eh ungewöhnlich, um diese Zeit das Büro zu verlassen. Konnte ich nur legitimieren mit dem Hinweis, ich würde eine äußerst wichtige Person für ein Interview treffen."

Er lacht: „Immerhin, endlich bin ich so wichtig." Er lacht immer noch: „Hau einfach ab. Aber danke. Du warst und bist der erste, der überhaupt vernünftig geredet hat. Wäre schön, dich bald einmal wiederzusehen. Jährlich zumindest."

„Danke. Aber du bist auch der einzige Mensch, mit dem ich darüber reden mag." Der Herbst erhebt sich, ihm wird schnell erläutert, dass er die Rechnung nicht bezahlen muss, sondern sehr verständlich eingeladen ist, wofür er sich schnell bedankt: „Danke. Wirklich schön, mit dir zu reden. Müssen wir dringend wiederholen."

Er steht ebenfalls auf, beide umarmen sich kurz, dann verschwindet Raimund Herbst eilig aus seinem Gesichtsfeld.

Er bemüht sich um die Aufmerksamkeit der Kellnerin, bezahlt und verlässt bald ebenfalls diesen Platz unter dem Glasdach und begibt in sich zurück in das Hotel.

Der Regen hat seine tropfende Existenz beendet.

## Dekor-Rekord

Schrödinger ist gleichzeitig nach Frankfurt und nach Berlin gefahren und spaziert derzeit durch beide Städte gleichzeitig.

Vordergründig mag das überraschen. Ist aber ganz praktisch vorstellbar. Hat doch gerade Schrödinger mehrfach argumentiert und gewissermaßen ebenfalls bewiesen, dass zwischen Raum und Zeit keinerlei eindimensionale Beziehung existiert. Ein Molekül kann sich in demselben Moment durchaus an zwei unterschiedlichen Orten aufhalten.

Wenn das möglich ist, dann kann das Molekülpaket Schrödinger das ebenso. Symptomatisch, dass er ja ebenfalls zugleich sowohl Philosoph und Physiker als auch andererseits Politiker ist. Reflexion versus Basta.

In Frankfurt ist er am Hauptbahnhof angekommen, hat diesen am – von der Ankunft aus gesehen – rechten Ausgang verlassen und überquert nun die Straße, die sich davor breitmacht. Ein wenig nach links, gleich wieder rechts und dann geradeaus. Bis zum Main. Na gut, etwas seltsame Menschen, da gegenüber dem Bahnhof. Aber das stört ihn nicht. Er geht zwischen ihnen hindurch.

Warm ist es nicht, aber sein dünner Mantel schützt ihn ausreichend. Zumal dann, wenn er ihn zugeknöpft hat. Auf der Straße laufen wenige Menschen herum. Noch weniger Hunde oder andere Tiere. Lediglich etliche Autos erschweren die jeweilige Überquerung einer Straße. Nicht einmal besonders aufregende Autos. Passend zu dieser Stadt, in der die meisten Menschen nur so tun, als würden sie arbeiten und am späten Nachmittag in ihre lächerlichen Vororte brausen. Abends ist die Innenstadt leer.

Nun wandert er auf der Brücke über den Fluss. Nicht sehr breit, und kein Schiff zu sehen. Aber einige neue Bauwerke auf der rechten Mainseite. Auf der linken Seite eine Allee, auf die er nach der Brücke einbiegt.

Dürr, wie er ist und wie Philosophen oder Naturwissenschaftler zu sein haben, und ohnehin schon etwas älter, sucht er wenigstens nach einer Bank. Ein Café ist nirgends zu entdecken. Eine Bank auch nicht.

Typisch Frankfurt: Die Promenade sieht ganz schön aus, bietet jedoch sehr wenig. Bloß eine Laufstrecke für einige Jogger, die gelegentlich an ihm vorbeihumpeln, und eben für einen Spaziergang. Nur ist er der einzige Spaziergänger weit und breit.

So schleppt er sich weiter auf der Flussseite dieser Allee. Auf dem Main ist ebenfalls nichts los. Wahrscheinlich fließt der, doch kein Schiff.

Er braucht gut zwanzig Minuten für den Weg zu seinem angepeilten Ziel, dem Museum Angewandte Kunst.

Übrigens ein Titel, den er hasst. Entweder Kunst oder irgendetwas Angewandtes. Meinetwegen auch Handwerk, aber nicht Kunstgewerbe. Das wäre ebenso alt und dumm. Da sich Kunst doch allein in absoluter Freiheit legitimiert. Auch wenn sie gekauft wird.

Er biegt rechts ab und überquert die Straße. Was kein Problem ist, denn hier bewegen sich kaum Autos.

Nein, Kunst braucht Freiheit. Unendliche Freiräume. Und der Markt sollte sie überhaupt nicht interessieren. Oder lediglich dafür, durch irgendwelche Spiele auch noch Geld zu verdienen. Was durchaus nützlich und angenehm sein kann. Zumal dann, wenn es nicht die Motivation der eigenen Handlung reduziert.

Das Gebäude des Museums wirkt von außen ganz brauchbar. Na gut, etwas altmodisch modern mit sehr vielen rechten Winkeln. Aber als Museum funktioniert es gut. Außerdem hat Handwerk nur sehr wenig mit Design zu tun. Wäre also besser, endlich mal ein Museum für Design aufzubauen und so zu benennen.

Der Eingang ist nicht ganz einfach zu finden, ihm und offensichtlich auch einigen anderen Menschen gelingt das dennoch.

Drinnen kauft er sich an der Kasse die notwendige Eintrittskarte, ärgert sich keineswegs über den Preis und klettert den Weg ganz nach oben hinauf. An einer Ausstellung über Glück vorbei, die ihn nicht weiter interessiert, zu der Ausstellung, die seine Reise nach Frankfurt begründet.

Schon der Titel ist hart: „Fire & Forget". Genau das, was überall ständig geschieht.

Eine Arbeit gleich rechts erläutert das am Beispiel von Computer-Games eindrücklich. Wird doch in solchen Spielen sehr viel geschossen, nur gibt es keine Toten. Wer getroffen ist, verschwindet einfach spurlos. Und wird man selber getroffen, dann ärgert man sich vielleicht, kann jedoch noch nicht einmal eine Wunde vorweisen – und das Spiel von vorne beginnen. Anders in diesem Spiel. Da werden alle Erschossenen als blutige Leichen aufeinandergestapelt. Bis der Bildschirm ziemlich schnell voll ist. Dann muss entsorgt werden.

Anderswo in dieser Ausstellung sehr viele, wohl vierzig kleine quadratische Fotos von Wolken: „Cloud Face". Weiße Wölkchen im blauen Himmel. Ziemlich verträumt. Neugierig liest er die Erläuterung dazu. Zwei koreanische Künstler haben diese Fotos nur ein bisschen digital bearbeitet. Nämlich so, dass die neuen militärischen Drohnen, die allesamt mit einer Software zur Gesichtserkennung ausgestattet sind, alle diese kleinen Wolken als Gesichter wahrnehmen und dementsprechend sofort abschießen würden.

Seine Gedanken wirbeln zufrieden vor sich hin. Endlich eine politische Ausstellung, die sich nicht in Befindlichkeit und allgemeinem Moralisieren nur selber betört.

Ein kleiner dunkler Raum mit vier Monitoren, die in unterschiedlichen Höhen und zwar nah beieinander und dennoch im Raum verteilt angeordnet sind. Darauf sieht er jeweils das Gesicht eines Mannes und hört, wie die vier darüber berichten, was sie jeweils während des Tages so sehen und auch wovon sie gelegentlich träumen.

Wieder braucht es die Erklärung: Der Raum ist genau so groß wie das Innere eines Panzers, und die dort reden, sind israelische Panzer-Soldaten. Der eine schaut immer nach draußen, ein anderer, der für die Munition zuständig ist, sitzt fortwährend im Dunkel, sieht nichts. „A Tank Translated".

Etwas verunsichert denkt er einen Moment darüber nach, ob eine Ausstellung oder wenigstens die dort präsentierten Werke sich nicht selbst erklären müssten. Eben keine zusätzliche Erläuterung benötigten. Wird das sonst nicht zu pädagogisch, weil aufdringlich.

Doch während er weiter in der Ausstellung umherschweift, verliert sich dieser Zweifel. Denn der in Pädagogik so typische Zeigefinger, jene mühselige Kontrollfunktion über die Wahrnehmung, die ist gar nicht vorhanden.

Er stellt vielmehr zu seiner Genugtuung fest, dass er jedes Mal schon bei dem intensiven Blick auf die Sachen beeindruckt oder sogar ergriffen ist. Und dann noch einmal umso drastischer durch die zusätzlichen Erläuterungen – zumal die hier der Gefahr entrinnen, durch Erklärung die Härte der Situation aufzuweichen. Theorie ist stets auch ein Weichmacher. So wie hier aber kann man das machen.

Nicht sehr viele Leute in dieser Ausstellung. Die meisten treiben sich in der über das Glück herum. Alle suchen, was ihnen fehlt, und ignorieren die kritische Reflexion über das, was sie täglich konfrontiert und womit man sich abgefunden hat.

Weitere spannende Arbeiten auch aus dem Design. Handtaschen und auch eine Ecstasy-Pille in der Form von Handgranaten, etliche modische Kleidungsstücke, die vehement an Uniformen erinnern, der Ständer einer Tischlampe und ebenso der für eine Champagner-Flasche in Form eines Gewehrs. Oder ein Kaffeegeschirr, das aussieht, als sei es mit Blut bespritzt. Alles Bestseller.

Vor dem einen oder anderen verharrt er. Wenig später zieht er seine Schultern zusammen und sieht etwas verdrießlich drein. Da hätte man mehr zeigen müssen. Wenn es um Design geht, dann muss man doch in solchem Zusammenhang verdeutlichen, dass nahezu jeder Gegenstand und auch jede Dienstleistung, und sei dies alles noch so schön oder gar funktional gestaltet, sich sehr gut zum Töten eignet. Mit einer Büroklammer oder mit einem modischen Schal kann man Menschen oder auch Tiere ebenso perfekt ermorden wie mit Messern, Untertassen, Computern, Smartphones oder auch mit Fahrrädern und Automobilen. Kaum etwas taugt dazu nicht. Womit jede noch so intelligent gemeinte Gestaltung immer in diese Falle plumpst. Unausweichlich.

„Meinetwegen", jetzt redet er leise vor sich hin, „funktionieren richtige und als solche gestaltete Pfaffen" – ein merkwürdiger Versprecher, er korrigiert sich – „Waffen insofern anders und noch lebloser, als sie anonyme

Handlungen ermöglichen: Man benutzt den Abzug, und irgendwo fällt jemand um. Den man kaum sieht oder nur auf einem Bildschirm."

Die paar Besucherinnen und Besucher verlieren sich in den Räumen. Zeit genug, sich alles ungestört anzuschauen. An dieser Wand Metallplatten, auf die man als Tests geschossen hat. Überall brillante Einschläge, der Schuss aus einem Gewehr. Eine Kugel, und der Treffer schaut drein wie ein Bauchnabel.

Am Schluss noch eine verrückte Installation. Erneut hilft die Erläuterung, die erklärt, dass dies ein reales Video aus Syrien abbildet. Das Video ist in einzelne Stills aufgelöst, die zugeneigt den Betrachtenden schräg zur Wand angebracht sind. Wie Lamellen. Man geht entlang – eigentlich soll man, so die Erläuterung, dies in fünfzehn Sekunden tun, was er nicht schafft – und sieht zuerst einige Ruinen, dann den Kopf eines Mannes, der sich vorwagt, sich dann aber blitzschnell, erschrocken, wieder zurückzieht. Aber hat jener Kopf wohl begriffen, dass ihm gegenüber bloß eine Videokamera und keine weitere Waffe herumläuft, nun kommt er aus dem Versteck, zieht eine Pistole, stellt sich ganz in Ruhe in Positur, zielt. Mit dem letzten Bild hört man den Schuss. Das Ende dessen, der diese Aufnahmen machte.

Üblicherweise mag Schrödinger überhaupt nicht, wenn ihn etwas so berührt. Nicht sogleich akademisch erledigt werden kann. Aber er bleibt für mehrere Augenblicke beeindruckt stehen.

Einige Minuten später befindet er sich in dem Café des Museums, holt sich an der Theke einen Espresso, bezahlt, schreitet zu der Tür, die auf die Terrasse führt, öffnet sie etwas mühselig und steuert dort auf einen Tisch und einen Stuhl zu.

Es ist ausreichend warm, hier draußen alles noch einmal in Ruhe zu überlegen und dabei auch die Gegend und die Architektur zu studieren.

Doch erst den Zucker in den Espresso, aus der kleinen Papiertüte heraus, jetzt umrühren und dann testen, ob der Kaffee zu heiß ist.

Ist der leider nicht. Er trinkt ganz schnell.

Kaum hat er das geschafft, spricht ihn eine männliche Stimme an: „Sie sind doch der Schrödinger, ne?"

Der Mann setzt sich. Ist, so schätzt Schrödinger, etwa vierzig Jahre alt, trägt eine Brille, so eine auffällige mit einem dicken Rand. Die Haare sind schon etwas schütter, das Hemd kariert, drüber eine Jacke aus Wildleder.

Sympathisch ist der nicht, weshalb Schrödinger unwirsch reagiert: „Wer will das wissen?"

„Ich will das einfach wissen. So entkommen Sie mir nicht." Der ist insistent. „Lassen Sie mich in Ruhe", Schrödinger klingt genervt, „ich muss nachdenken."

„Dass ich nicht lache", die Miene von diesen Typen wirkt ziemlich unangenehm, „Sie und nachdenken."

„Was wollen Sie? Dessen Namen ich noch nicht einmal kenne."

„Eduard Reit. Und den Vornamen bitte nicht abkürzen." Klingt triumphalistisch. Ein Wichtigtuer.

„So." Schrödinger schiebt seine Espressotasse mitsamt Untertasse beiseite: „Lassen Sie es gut sein. Ich habe keine Lust und auch keine Zeit, mit Ihnen zu reden."

„So kommen Sie mir nicht davon." Der wiederholt sich. „Sie sind der Schrödinger. Der die Katzen getötet hat. Sie Schwein."

„Ganz ruhig. Ich habe lediglich bewiesen, dass sie in demselben Moment tot und lebendig sein kann. Ganz simpel."

„So'n Quatsch. Tot oder lebendig."

„Nein, nein, nein. Wenn man die, und das ist unausweichlich, in Moleküle zerlegt ..."

„Akademischer Drecksack. Da sagen Sie selber, dass Sie die zerlegen. Ekelhaft. Und wahrscheinlich auch noch ein Muli-Freund. Klar, solche sinnlosen Biester mögen Sie bestimmt." Dieser Eduard Reit beugt sich zu Schrödinger hinüber und grinst ihn aggressiv an.

„Kommen sie. Lassen Sie mich in Ruhe und gehen Sie einfach Ihrer Wege." Schrödinger erhebt sich, spürt allerdings, wie schwach sich seine Beine wegen des langen Herumlaufens anfühlen und leicht zittern. Er lehnt deshalb am Geländer der Terrasse und stützt sich an dessen Balustrade ab: „Und reden Sie nicht so verächtlich über Mulis."

„Aber das sind ekelhafte Mörder. In Berlin und überall in der Welt. Die muss man vergiften."

„Unsinn. Außerdem bestehen die ebenso aus Molekülen. Leben nicht und leben doch. Wichtige Gesellen. Wahrhaftig."

Jener Herr Reit – Schrödinger und er sind die einzigen auf der Terrasse – springt auf, wirft den Tisch um, stürzt sich auf Schrödinger, reißt an ihm, schiebt dessen Körper schon halb über die Balustrade.

Schrödinger wehrt sich nicht, macht sich nicht einmal besonders schwer, seufzt lediglich.

Endlich hat der Reit ihn an den Beinen ergriffen, hebt an ihnen dessen gesamten Körper hoch und wirft ihn über das Geländer.

Schrödinger stürzt, gibt keinen Laut von sich. Laut nämlich wird es erst, als er mit einem – so wird das immer beschrieben – dumpfen Knall unten auf dem Boden vor dem Museum aufprallt.

„Der ist hin", der Mann mit dem Namen Eduard Reit reibt sich frohlockend die Hände, dreht sich um und verlässt allmählich die Terrasse.

# Schwärmen

So geschehen mit dem einen, dem naturwissenschaftlichen Schrödinger.

Der andere, der politische, hält sich ganz lebendig in Berlin auf. Was bekanntlich gleichzeitig aufgrund der molekularen Struktur vorstellbar ist.

Der Grund für seine Anwesenheit in Berlin ist ein Telefonat des Erzengels am gestrigen Tag. Denn der hatte ihn persönlich angerufen und dringend gebeten, sich mit ihm hier in Berlin zu treffen. Heute.

Auf der Dachterrasse eines recht hohen Hauses in der Nähe des Potsdamer Platzes.

Dieser Schrödinger war kurz nach elf Uhr am Flughafen Tegel angekommen, hatte schnell, weil er im Flugzeug vorne gesessen hatte, den Flieger und dann den Flughafen verlassen können. Am Gate wartete auf ihn, Gabriel hatte ihm das angekündigt, der Fahrer einer Limousine.

Diese hatte ihn zu dem Haus gefahren, auf dessen Dach mittels eines Fahrstuhls er angekommen war.

Hier oben existiert, Schrödinger nimmt dies mit Erstaunen wahr, eine kleine Parklandschaft. Bäume, einige Büsche, eine große und noch immer hellgrüne Grasfläche und dazu in der Nähe des Geländers der Terrasse, Abstürze zu verhindern, ein paar Bänke.

Von hier oben eröffnet sich zudem eine wirklich großartige Aussicht auf Berlin. Nun, er befindet er sich etwa in der dreißigsten Etage. Auf der einen Seite, zwischen den Bäumen hindurch sichtbar, das Brandenburger Tor und schräg dahinter der so hässliche Fernsehturm am Alexanderplatz. Auf der anderen Seite der Tiergarten mit seinem vielen Grünzeug.

Schrödinger nähert sich dem Gelände und blickt hinunter. Da wird ihm regelrecht schwindlig. Er liebt die hohe Position, aber fürchtet den Absturz.

„Himmel", die Stimme des Erzengels kracht in diese eigentliche Idylle, „wie gut, dass du es geschafft hast. Ich bin so froh."

Schrödinger, zuerst erschrocken über die Lautstärke der Stimme, dreht sich um. Da strömt der Gabriel mit offenen Armen auf ihn zu.

Sie umarmen sich. Schrödinger durchaus etwas widerwillig. Aber er widersetzt sich nicht.

„Ich bin wirklich glücklich, dass du gekommen bist." Das ist die Stimme vom Gabriel: „Wenn du wüsstest, welche Probleme ich derzeit habe. Schrecklich."

„Meine Güte, du klingst ja fast verzagt. Und das du. Der doch immer auf alles eine Antwort hat."

„Bitte. Mach dich nicht lustig über mich. Das vertrage ich derzeit überhaupt nicht. Das ist wirklich nicht lächerlich."

„Na gut", Schrödingers rechte Hand gleitet über Gabriels linke Schulter: „Lass uns doch einfach auf dieser Bank", er weist mit der linken Hand auf die Bank in nächster Nähe hin, „Platz nehmen."

Der Erzengel nickt, sie unternehmen die wenigen Schritte und setzen sich. Von vorne, also vom Geländer aus, Gabriel links und Schrödinger auf der rechten Seite.

Über ihnen fast nur blauer Himmel, lediglich einige wild zerrissene Wolken. Die schaffen kaum, die Sonne abzudecken.

Der Erzengel schlägt mit beiden Händen auf seine Oberschenkel: „Es ist einfach grausam. Und dann noch diese Engelsfrau. Ich halte das nicht mehr aus."

„Nun mal ganz ruhig. Erzähl mir doch erst einmal, warum wir uns auf diesem Dach treffen. Ganz hübsch, aber auch albern."

„Mann, ich muss alles geheim halten. Nur der Fahrer weiß davon. Und du kennst die Fahrer. Die wissen alles, hören jedes Gespräch im Auto. Wenn die einmal reden würden."

„Bloß nicht. Ein Albtraum." Schrödinger schüttelt sich. „Wirklich, inzwischen muss ich alles geheim halten."

„Wie kommt das zustande? Ist dein Ruf so ruiniert?"

„Hör auf", Gabriels Kopf ist knallrot angelaufen, „du weißt doch: die Wahlen und dann diese blöde Koalition."

„Stimmt. Und so beliebt bist du nicht mehr. Wenn du es denn jemals warst."

„Die haben alle einfach vergessen, dass ich über das Tor zum Paradies verfüge. Ich. Niemand sonst. Das haben die vergessen. Erst mich bewundert, und nun vergessen. Scheiße."

„Vielleicht glauben die nicht mehr an dein Paradies. Die Tür war so lange verschlossen. Wie soll man noch etwas dahinter vermuten?"

Gabriel haut schon wieder seine Hände auf die Oberschenkel: „Was redest du da? Ich brauche deine Hilfe. Ratschläge. Was soll ich tun? Wie kann ich mein Image verbessern?"

Schrödinger blickt in die Gegend: „Nimm dir eine vernünftige Agentur."

„Vernünftige Agentur? Bist du verrückt? Die gibt es doch gar nicht. Kosten Geld und schaffen nichts. Da schlagen die mir ein Normandie-Format vor. So ein Unsinn."

„Normandie was?" Schrödinger staunt.

„Vergiss es. Meint bloß, dass die vier Politiker aus Deutschland, Russland, Frankreich und der Ukraine zusammensitzen, reden und angeblich entscheiden."

„Und Politikerin."

„Hör auf. Das ist je genau mein Problem." Der Erzengel springt auf: „Stell dir vor, jetzt will die eine riesige Untersuchung wegen dieser blöden Maultiere in Gang setzen. Mist. Da gibt es nichts zu untersuchen. Einfach dumm gelaufen."

„Naja", Schrödinger schaut etwas bedingt drein: „ganz so unauffällig ist das doch nicht verlaufen. Die gesamte internationale Presse und sowieso die Sozialen Medien quatschen nur davon. Kann man nicht einfach wegwischen."

Gabriel fuchtelt wild mit seinen Flügeln in der Luft herum: „Scheiß-Mulis. Das ist mir zu pathetisch. Was soll das. In einem Jahr ist das längst vergessen."

„Na, ich wüsste schon gerne, was da eigentlich passiert ist. Merkwürdig war das. Und ist es noch."

„Jetzt redest du wie dein Pendant. Als ob du der Naturwissenschaftler bist." Der Erzengel gerät in Rage.

„Unsinn. Außerdem hat sich der erledigt. Ist vorhin von einem Haus gefallen."

„Woher weißt du das?"

„Habe so ein Gefühl. Kann man nur molekular begründen."

„Hör auf! Hör auf! Du redest in Rätseln. Ich verstehe nix mehr. Will aber gewählt werden. Versteh das doch endlich."

„Und das verhindern die Mulis? Das ist doch nicht dein Ernst."

„Schluss mit diesen blöden Viechern. Ich kann das nicht mehr hören. Ich will einen Rat von dir."

„Ich weiß. Aber die Maultiere interessieren mich mehr als deine nervige Egozentrik. Für die habe ich wirklich Mitleid."

„Bist du wahnsinnig geworden? Für diese bescheuerten Tiere. Die die ganze Welt verrückt gemacht haben."

„Genau für die. Und es wäre doch wirklich deine Aufgabe, diesen Fall zu untersuchen. Herauszufinden, was da wirklich geschehen ist. Und außerdem", Schrödinger erhebt sich ebenfalls und steht nun vor dem wild fuchtelnden Gabriel, „mich interessiert deine Wiederwahl nicht einen Deut. Ist mir völlig egal. Basta."

Der, also der Erzengel, rastet aus. Er verliert endgültig den Verstand. Schlägt auf Schrödinger ein: „Du bist widerlich. Genauso schlimm wie die Maultiere. Schöne Grüße an deinen Freund in Russland."

Mit diesen Wörtern haut Gabriel in den Bauch von Schrödinger. Der stolpert, hält sich gerade noch am Geländer fest, greift nach dem Erzengel.

Der stürzt, unterstützt von den Händen Schrödingers, über das Geländer und schreit weiter.

Schrödinger sackt in sich zusammen, nimmt dann dennoch allen Mut zusammen und schaut hinunter. Dort, wo Gabriel abgestürzt ist. Voller Angst und Ekel.

Doch was er sieht, ist noch viel bestürzender: Der Erzengel ist womöglich etliche Meter gefallen, aber dann hat er einfach seine Flügel ausgebreitet und ist geflogen.

So sieht ihn Schrödinger in einiger Distanz mit einem Lachen im Gesicht davonfliegen. Doch nur Sekunden später erblickt er nicht weit von Gabriel eine andere, die da ebenfalls schwebt. Nicht weit vom Erzengel entfernt. Und noch in ziemlich weiter Entfernung sieht er, wie die beiden mitten in der Luft sich ankeifen.

Was ist nur los mit unseren Mysterien.

## Abseits

Zurück in seinem Zimmer sucht er zuerst die Toilette auf, dort ausführlich zu urinieren. Was ihm zugleich die Möglichkeit gibt, sich etwas Klarheit darüber zu verschaffen, dass offensichtlich überhaupt nichts klar ist.

Während er sich die Hände wäscht, fällt ihm ein ganz schönes Zitat von Karl Kraus ein: „Das Chaos ist willkommen, denn die Ordnung hat versagt".

Er spricht dies noch einmal ziemlich laut vor sich hin und reibt sich dabei eigenartigerweise die Hände. Er weiß selber nicht, warum.

Er vermeidet den Blick in den Spiegel. Weil er irgendwie genug von sich selber hat. Außerdem hasst er, wie inzwischen in fast jedem Film die Leute sich minutenlang im Spiegel bestaunen. Jämmerlich.

Nein, er dreht sich um, verlässt das Badezimmer, stoppt im kleinen Flur und schlängelt sich zum Fernsehgerät.

Die Fernbedienung in der rechten Hand schaltet er ein. ARD. Mit einem offenbar ausführlichen Bericht nicht nur über das, was gestern in Berlin geschehen ist, sondern auch über die vielfältige Berichterstattung darüber. Klar – oder auch dies unklar –, es ist Mittagszeit, also die Zeit für Nachrichten und Reports über die Reports.

Er setzt sich in den kleinen sehr unbequemen angeblichen Sessel. So, dass er den Bildschirm gut betrachten kann.

Das linke Bein über dem rechten drückt er den Lautstärke-Regler, muss allerdings feststellen, dass es leider nicht lauter wird. Typisch Hotel, da werden Regler dazwischengeschaltet, Krach zu vermeiden.

Dennoch sieht und hört er gebannt zu, denn nach all den immer noch gleichen und nun so geläufigen Bildern von gestern wird ein ausführlicher Bericht angekündigt über die mannigfaltigen Erklärungsversuche zu dem, was da geschehen ist. Könnte spannend sein. Vor allem, weil die Moderatorin ankündigt, nicht alleine dabei über die Presse und andere Sender, sondern ebenfalls über die Diskussionen im Internet zu berichten. Sogar international.

Unglaublich, was da alles geäußert wird. Als erstes ein Zoologe, angeblich Fachmann für Maultiere und ebenfalls Maulesel. Der trägt gerade vor: „Esel haben zweiundsechzig Chromosomen, während Pferde vierundsechzig Chromosomen haben. Maultiere als Kreuzung von Pferde-Stute und Esel-Hengst ebenso wie Maulesel als Kreuzung von Esel-Stute und Pferde-Hengst verfügen über dreiundsechzig Chromosomen."

Dieser Zoologe bläht sich vor Begeisterung über sich selbst geradezu auf: „So können die keine Nachkommen zeugen. Auch wenn", der Fachmann explodiert bald, „einige Studien behaupten, dies sei dennoch gelegentlich möglich und geschehen: Völliger Schwachsinn. Unwissenschaftlich."

Jetzt nimmt die Kamera das Gesicht des Zoologen frontal als Vollbild: „Zum Zuge kommt der sogenannte Heterosis-Effekt." Stolz blickt er drein: „Dieser bezeichnet in der Genetik der Pflanzen- und Tierzucht die besonders ausgeprägte Leistungsfähigkeit von Hybriden. Also von Mischlingen."

Komisch, wie jener Wissenschaftler einfach mal so über Hetero plaudert. Und wie wenig der auch nur im Ansatz begreift, was das bedeutet, von Mischlingen zu reden, diese aber dann eben doch als besondere Qualität darzustellen. Jetzt müsste man die doch aufwerten als die eigentlich bemerkenswerten Geschöpfe.

Aber der Zoologe faselt weiter vor sich hin, wieder in Ganzkörper-Aufnahme mitsamt seinem weißen Kittel und etwas hilflos schlaff herunterhängenden Armen: „Von einem Heterosis-Effekt spricht man immer dann, wenn die beobachtete Leistung der ersten Generation", kurzer Einwurf: „F1", dann weiter: „höher ist als die durchschnittliche Leistung dieser Eigenschaft bei den Eltern. Denn Mischlinge sind besonders vital und leistungsfähig."

Welche Konfusion. Da sind die Kinder so viel klüger als die Eltern. Solche Eltern müssen völlig frustriert sein. Oder das einfach gar nicht bemerken. Was für Eltern nicht ungewöhnlich ist. Die heben ihre Kinder ja sowieso gerne ganz hoch in den Himmel, traktieren sie aber zugleich fortwährend mit ihrem eigenen so eingeschränkten Erwartungshorizont. Nie und nimmer würden sie verstehen, wenn die Kinder ganz anders wären als sie selber.

Egal. Der etwas hypertrophe Zoologe wird abgelöst durch einen Historiker. Kurze graue Haare, Falten auf der Stirn, verknitterter grauer Anzug, weißes Hemd, erstaunlicherweise ohne Krawatte, aber zugeknöpfter Kragen. Eine etwas zittrige Stimme: „Vergessen wir nicht, wie beliebt die Mulis sind", der Historiker blickt voll in die Kamera, „man könnte fast sagen, hier ergibt sich das schon aus den Worten heraus", der strahlt vor Selbstgefälligkeit, „ja, welche wichtige Funktion Mulis im Militär haben. Dort werden sie höchst geachtet und sind sehr beliebt. Man spricht im Militär", die Stimme erhebt sich in diesem Moment, „sogar von dem Kamerad Maultier. Und noch heute gibt es in Deutschland, angesiedelt in Bad Reichenhall, in der Bundeswehr eine Tragtierkompanie. Alles Maultiere."

Der Historiker hebt beide Hände, sowohl seine Neutralität als auch seinen Enthusiasmus zu verdeutlichen: „Kein Wunder, denn schon die römischen Legionen", der Mann schmatzt den folgenden Halbsatz regelrecht, „erreichten ihre Erfolge durch die Mulis. Ebenso wäre die Eroberung Nordamerikas ohne Maultiere überhaupt nicht vorstellbar."

„Lese-Esel." Immer, wenn er sich ärgert oder wenn er nicht mehr weiter weiß, legt er sich auf Anagramme fest. Oder verlegt er sich.

Der, zumindest wurde der so vom Sender etwas unglaubwürdig bezeichnet, Historiker wird endlich abgeschaltet und durch einige politische Kommentatorinnen und Kommentatoren ersetzt.

Erst einmal die schon mehrfach gesehenen und gehörten Äußerungen von Gabriel und von seiner Chefin, dann weitere beliebige Statements. Immer dasselbe: „Unfassbar", „fürchterlich", „grauenhaft", „wir müssen dringend was tun" und dergleichen.

Er schläft in seinem Sessel fast ein, bloß gut, dass der so unbequem ist.

Immer noch angeblich politische Kommentare, jetzt schärfer, verstiegen und völlig absurd. Zum Beispiel ein Abgeordneter der bayerischen Regierungspartei: „Lange schon haben wir davor gewarnt, solche Viecher in unser Land zu lassen. Wir bestehen darauf, diese müssen bereits an den Grenzen abgewiesen werden." Der Abgeordnete schaut möglichst grimmig in die Kamera: „Wir können uns ein offenes Haus nicht leisten. Dazu sind wir viel zu erfolgreich und zu stark."

Schnitt – und eine Abgeordnete des europäischen Parlaments: „Europa", kurze Pause, „Europa darf sich davon nicht erschrecken lassen. Wir brauchen offene Grenzen." Ihr Kopf wirbelt: „Aber wir brauchen mehr Kontrolle, eine Aufrüstung der Polizei." Erneutes Wackeln des Kopfes: „Nein, wir brauchen eine starke europäische Polizei. Solche Sachen müssen verhindert werden."

Wieder ein Schnitt, jetzt ein holländischer Politiker, lächelnd: „So ist das bei den Deutschen. Da lachen die über uns, und dann werden sie überrollt. Nicht einmal von unseren Wohnwagen." Er lacht, nimmt sich später zurück: „Vielleicht nicht lustig, aber die sollten endlich vernünftig werden, die bornierten Deutschen."

Kurz die Moderatorin, sie warnt vor dem nächsten Kommentar. Wie sich herausstellen wird, klugerweise. Denn es tritt ein Neo-Faschist vor die Kamera: „Das waren gar keine Tiere, das waren Ausländer. Ausländer haben alles zerstört. Sie zerstören immer." Das Bild, das die Kamera von ihm überträgt, offenbart sich vordergründig harmlos. Ein kleiner Mann mit recht kurz geschorenem Haar, schmales Gesicht: „Schluss damit. Wir brauchen Grenzkontrollen. Und die Medien sollten uns nicht länger betrügen. Diese verlogene Behauptung, das seien Tiere gewesen. Betrug." Der Mann hebt leicht seinen rechten Arm: „Wir sagen am Montag wieder in Dresden die Wahrheit"

An dieser Stelle wird sein Kommentar abgebrochen. Stattdessen ein Priester, auch als solcher verkleidet, also kenntlich: „Eine Strafe Gottes. Da wurden solche Kreaturen über Jahrzehnte geprügelt und missachtet. Sodom und Gomorrha. Auch das war eine Strafe." Der redet wirklich ins Gewissen und zitiert leicht verändert Rainer Maria Rilke: „Wir müssen unser Leben ändern." Ob der weiß, dass gerade Rilke zitiert wurde?

Er steht schnell auf, geht zu der Anrichte, auf der er eine kleine Wasserflasche entdeckt hat. Die greift er sich, auf dem Rückweg öffnet er mit einiger Mühe die Flasche, dreht also mit der rechten Hand oben an der Flasche, die er in der linken hält, den Deckel auf und reißt diesen ab.

Den Deckel schmeißt er auf dem Weg in den Papierkorb neben jener Anrichte. Er trinkt und setzt sich erneut in den angeblichen Sessel.

Durch das geschlossene Fenster schießen die schrillen Töne von Polizei- oder Feuerwehrsirenen.

Spontan wendet sich sein Blick dorthin, und so versäumt er fast das nächste Bild auf dem Fernsehgerät. Dort nämlich flimmert ganz kurz die Aufnahme der toten Mulis auf dem Mahnmal nahe des Brandenburger Tors. Hunderte davon leblos mit ausgestreckten Beinen vor den großen Steinen des Mahnmals. Das scheint sehr pathetisch, dennoch glaubhaft. Eigentlich wie ein Gemälde. Aber an den Rändern laufen Menschen und fahren Autos herum.

„Was hat Pathos mit Pathologie zu tun?" Er murmelt das halblaut.

Als nächstes, so die Moderation, ein Soziologe: „Zugegeben, dieser Vorgang passt in kein System. War nicht vorhersehbar." Der Mann ist nervös, zwinkert fortwährend mit dem rechten Auge: „Es bedarf der nachträglichen Analyse. Bisher können wir", solche Wissenschaftler verneigen sich leidenschaftlich vor dem Pluralis Majestatis, „lediglich vermuten, dass dieser Vorgang Ausdruck einer sozialen Katastrophe sein muss. Wobei die Intensität weiterhin ein großes Rätsel darstellt."

Der Soziologe wird von der Seite her, während er offenkundig noch weiterreden will, von einer recht jungen Frau mit einem Plakat in den Händen bedrängt und grob beiseitegeschoben. Dabei hält sie ihren Kopf mit der Nase vorweg in die Kamera und ruft laut: „Ihr Schweine. Ihr seid schuld am Leiden dieser armen Tiere. Ihr verachtet sie, anstatt ihnen zu helfen. Kein Wunder, dass die irgendwann ausflippen"

Sie will weitermachen, doch wütend schubst der Soziologe die junge Frau beiseite – so heftig, dass deren Plakat auf den Boden fällt. Erst so kann man lesen, was darauf geschrieben steht: „Freiheit für alle Tiere".

Der Soziologe versucht, weiterhin zu reden. Doch die Szene wird ausgeblendet. Die Moderatorin verkündet: „Jetzt Kommentare aus dem Internet, die wir verlesen."

Doch davor erscheint eine Frau auf dem Bildschirm. Unterzeile: „Psychologin". Die quasselt einfach los: „Meine Damen und Herren", irgendwie meint sie wohl, einen Vortrag oder eine Vorlesung halten zu müssen, außerdem ist diese Besessenheit, alle Zuhörenden als ihr Eigentum zu deklarieren, symptomatisch für solche Vorträge: „Wir haben es hier zweifellos mit einer Massenpsychose zu tun. Wilhelm Reich hat darüber schon völlig berechtigt alles geschrieben, was man wissen müsste. Und er hat noch vor dem Nationalsozialismus auf genau diese Gefahren hingewiesen, die solch eine

Psychose auszulösen vermögen."

Sie hat ja recht, nur trägt sie das vor, als ob sie ablesen würde. Mitsamt entsprechend fixierten Augen, die knapp neben die Kamera auf den Teleprompter starren: „Das hat sich über Jahrhunderte aufgeladen und löst sich mit einem Knall. Was mal in die eine und mal in die entgegengesetzte Richtung verläuft. Hier als Mahnmal."

Sie ist noch keineswegs am Ende, wird dennoch abgeschnitten. Stattdessen nun ein Sprecher, der mit tiefer Stimme die Kommentare aus den so genannten und doch oft bloß konfusen sozialen Medien vorliest.

„Zuerst", so verkündet der Sprecher, „die üblichen Schimpf-Kanonaden:

Hier einige davon: ‚Zombies, alles Zombies. Die wollen uns vernichten.' ‚Meute trifft Meute.' ‚Das sind Bastarde. Aus Südtirol. Alle Bastarde kommen aus Südtirol.' „Bringt sie um. Schlagt sie. Die haben kein Recht auf Leben.' ‚Alles Ungeziefer. Drauftreten. Fertig.' ‚Revolution. Genauso sieht Revolution aus. Deshalb muss man die fertigmachen.' ‚Das Ende. Weltuntergang. Sintflut. Hosianna, wir müssen uns auf das Paradies vorbereiten.'"

So geht es noch einige Minuten weiter, der Sprecher bleibt ganz ruhig und trägt einfach vor. Bis er erneut in die Kamera schaut: „Nun einige merkwürdige Bemerkungen:"

Die sind teilweise fast lustig, andere schlicht unerträglich oder völlig abgedreht: „Urin-Ruin" oder: „Grüne Rügen". Darauf einige filmreife Erwägungen: „Ist doch klar, alles Außerirdische. Die kommen vom Mars als Rache für Schiaparelli und schlagen jetzt zurück." „Wer quatscht da von Tieren. Alles Roboter. Ferngesteuert vom FBI oder von den Russen. Die kommen wieder." „Ja, die sind doch nicht tot. Das sind bloß die Hüllen. Die Kerne sind einfach weggelaufen, haben sich aus dem Staub gemacht." „Hirngespinste. Nur Einbildung. So et-

was gibt es nicht wirklich. Massenhysterie, mehr nicht."
„Alles Verkleidung. Kostüme. Karneval. Irgendwelche Idioten und Verrückte haben sich das ausgedacht und sind durchgedreht. Vielleicht die Politiker selber."

Er greift nach der Fernbedienung, schaltet ab und grübelt darüber, ob das nicht sowieso alles nur Sockenpuppen und Robots produziert haben.

Noch ein Schluck Wasser, der Weg zur Tür, diese zu öffnen und draußen das Schild „Do not disturb" an die Türklinke hängen.

Obwohl ihm klar ist, dass er längst hätte auschecken müssen, wirft er sich aufs Bett, rückt das Kissen zurecht und schläft sofort ein.

## Maulbeerbäume

Diese Situation braucht, obwohl sie einige Zeit zurückliegt, vorab eine möglichst genaue Beschreibung. Denn im Fokus befindet sich das Paradies.

Schwer, dies irgendwo anzusiedeln. Es ist zweifellos nicht Teil des Weltraums. Der ohnehin gar kein Raum ist. Sonst müsste man doch wissen, dass es davon ein Ende, drum herum also Grenzen gibt. Weiß niemand.

Insofern ist das Paradies allein vorstellbar als paralleles Gebilde. Sicher existiert es. Irgendwo im Nirgendwo. Ortlos und dennoch verortet. Etwas verrückt.

Noch merkwürdiger: Das Paradies verfügt über sehr eindeutige Mauern, die es begrenzen. Man stößt sich an ihnen, will man da hinein. Aber die sind unsichtbar. Auch kann man sie nicht riechen, nicht schmecken und nicht hören. Bloß ertasten. So soll es schon viele gegeben haben, die mit ausgestreckten Armen und behutsam aufmerksamen Fingern an diesen unsichtbaren Mauern sich über Jahrzehnte oder noch länger herumgetastet haben, endlich den Eingang zu finden.

Hat man ihn entdeckt und nur dann, so ist dieser richtig deutlich sichtbar. Nämlich ein riesiges Tor von unendlicher Höhe und auch ziemlich bereit. Ein Tor aus Marmor, aus weißem Marmor mit schwarzen und goldgelben Linien darin.

Keineswegs einladend, eher mächtig, Angst einflößend, ablehnend. Ein Mahnmal, sich noch einmal zu besinnen auf das Leben, das man geführt hat, auf die vielen bösen und die hoffentlich auch guten Taten, die man produzierte.

Die große Prüfung. Man steht vor diesem unheimlichen Tor, verneigt sich vor dessen Gewalt, bedenkt das eigene Leben, sucht nach Entschuldigungen jeglicher Art und wartet. Dann erhält man von irgendwo her den Ratschlag, anzuklopfen und den Hinweis, wie dies zu geschehen habe. Nämlich dreimal kurz, dreimal lang und wieder dreimal kurz. Erneutes Warten. Auf den Erzengel, auf Gabriel. Nicht sicher, ob er öffnen wird.

Nun zu dem, was damals geschah. Seltsamerweise nämlich hatte sich ein Muli auf den Weg dorthin gemacht und dank seiner vielen Fähigkeiten den Weg zum Tor gefunden.

So stand es ganz verloren inmitten der Einöde, die sich vor dem Paradies endlos ausbreitet. Alles Wüste ohne Sand. Lediglich einige Büsche mit längst abgestorbenen Blättern und Ästen hier und da.

Versonnen stand es herum, staunte über dieses riesige Tor, das ihm den weiteren Weg versperrte. Nichts bei sich, nur eine Büchse auf seinem Rücken festgeschnallt.

Warten. Weiter warten. Bloß nicht nervös werden. Einfach warten.

Überraschenderweise schien auch das Muli jetzt jener Ratschlag und ebenfalls der Hinweis auf das Anklopfen erreicht zu haben, denn mit dem linken Huf klopfte es ebenso behutsam wie eindringlich an das Tor. Dreimal kurz, dreimal lang, dreimal kurz.

Das Zeichen für Gabriel. Der sonnte sich in seinem Liegestuhl. Denn im Paradies leuchtet stets die Sonne, haben gleichwohl diejenigen, die dort leben, jederzeit die Möglichkeit, es für sich schattig zu gestalten oder gar es regnen zu lassen. Tatsächlich nur für sich, ohne damit anderen die Sonne oder ein anderes Wetter zu verstellen. Möglich ist dies, weil die dort Wohnenden die anderen bloß dann treffen, wenn sie und auch die das wünschen. Eine ganz andere Form der qualitativen Geselligkeit.

Der Erzengel lag also inmitten der Sonne auf seinem Liegestuhl und genoss offenkundig, wie die Sonnenstrahlen seinen dicken Bauch erwärmten.

Immerhin reagierte er nach einiger Zeit und fast erschrocken auf die Töne am Tor. Er räkelte sich, rollte langsam aus dem Liegestuhl, stellte sich auf seine Beine, seufzte, griff nach seinem alten Schlüsselbund. Eine schlichte Geste aus alter Zeit, da er mittlerweile dieses Schlüsselbund überhaupt nicht mehr benötigte.

Sodann schlurfte er langsam zum Tor und schob mit der rechten Hand ein kleines Stück Marmor beiseite, um auf diesem Weg ein nur für ihn selber funktionierendes Loch zu öffnen, durch dieses hindurch die Besucher und Besucherinnen zu betrachten.

Er fuhr vor Überraschung zusammen. Da stand ganz allein das Muli. Das war völlig neu für ihn. Es hatte schon den Vorfall gegeben, dass jemand, von einem Muli getragen, vor seinem Tor erschienen war. Doch ein Muli alleine, so ganz für sich selber, das hatte er noch nie erlebt.

Was tun? Zuerst drehte er ab, wollte offensichtlich das Muli sich selbst überlassen und ihm keineswegs Rede und Antwort stehen. Was sollte das. Ein Muli vor dem Paradies.

Es klopfte wieder. Gar nicht ungeduldig, eher vorsichtig und dennoch mit Nachdruck.

Nicht, dass Gabriel sich dadurch zu Mitleid hätte hinreißen lassen, aber die Neugier trieb ihn, sich noch einmal umzudrehen und zum Tor zu gehen.

Mitten in dem gewaltigen Marmorgeflecht und sehr nahe bei dem Guckloch, durch das der Erzengel das Muli entdeckt hatte, existierte und existiert wahrscheinlich noch eine verborgene sehr kleine Tür. Nur von innen zu öffnen, wofür man auf einer Tastatur bestimmte Knöpfe drücken musste. Ein Code, den nur Gabriel kannte, der täglich gewechselt wurde, damit niemand das Paradies wieder verlassen konnte.

Gabriel drückte auf die entsprechenden Tasten, und lautlos öffnete sich nach außen diese kleine Tür. Gerade so, dass Gabriel seine korpulente Figur hindurchquetschen konnte.

Nun stand der Erzengel draußen, blickte verächtlich in die Einöde, lehnte an der Tür und betrachtete das Muli, das dort wartete.

Es brauchte einige Zeit, bis der Gabriel dem Muli auffiel. Plötzlich jedoch äußerte das Muli entsetzte Tonfolgen und sprang etwas zur Seite.

Gabriel sah zu, lehnte weiterhin an seiner kleinen Tür.

Das Muli blieb ganz still und zitterte dabei. Dann fragte es mit sehr scheuer Stimme: „Wer sind Sie?"

Der Erzengel spielte eine tiefe Verbeugung: „Der Erzengel. Wer sonst?"

„Wo sind die Flügel?"

„Habe ich abgeschnallt. Sind zu schwer und taugen überhaupt nicht, wenn man auf dem Rücken liegen will."

Schnell dazwischen eine Erklärung: Gewiss wirkt völlig unwahrscheinlich, dass die beiden sich verstehen konnten. Doch dies lässt sich leicht klären, denn schon am Tor zum Paradies und erst recht im Paradies selber versteht man sich, sind sämtliche Sprachbarrieren getilgt. Deshalb können die Insassen dort problemlos miteinander reden. Soviel als Erläuterung, die Situation besser zu verstehen.

Gabriel lehnte weiterhin sehr lässig an seiner Tür, sprach jedoch immerhin zum Muli: „Was suchst du hier?"

„Entschuldigung. Nur, mich zu vergewissern: Duzt man sich hier? So als Kumpel?"

„Klar. Hier ist das Paradies."

„Ach so", das Muli klang ein wenig verzagt, obwohl es doch hätte glücklich sein können, endlich das Paradies erreicht zu haben. Aber es verharrte ja noch bloß vor dem Tor desselben.

Und Gabriel davor. Der verschmitzt lachte, gewissermaßen den Clown spielte: „Ja, so ist das. Wir sind hier, und du bist da."

Pause. Lediglich ein leichter Wind hatte sich derweil entfaltet und die Einöde zu einem leichten Summen verführt.

Gabriel begann die Fortsetzung der Konversation: „Was willst du überhaupt hier? Du hast hier nichts zu suchen."

Das Muli scharrte mit den vorderen Hufen auf dem kargen Boden. Dann flüsterte es ganz leise, aber ausführlich: „Wir bitten darum, ins Paradies aufgenommen zu werden. Wir erfüllen alles, was es dazu braucht. Wir haben so viele gute Taten geschafft, haben sehr vielen Menschen geholfen, haben Land kultiviert, Menschen das Leben gerettet, Wasser aus den Brunnen geholt, Werkzeuge geliefert, Essen gebracht. Wir haben alles getan und uns dabei niemals beklagt. So erfüllen wir wirklich jegliche Bedingung für das Paradies. Schlechte Taten kann man uns niemals nachweisen. Vielleicht gelegentlich schlimme Gedanken, aber die haben wir stets verdrängt. Deshalb die Bitte: Nehmt uns auf."

So eindringlich und voller leidenschaftlicher Klage

und Sehnsucht das Muli gesprochen haben mochte, Gabriel schien das keineswegs zu berühren. Er lachte immer noch und scherzte zurück: „Na und. Du bist ein dummes Tier. Hast hier überhaupt nichts zu suchen. Tiere sind sowieso nur dafür da, Gutes zu tun. Und gefressen zu werden. Verschwinde."

Das Muli kniete nieder, beugte dafür die beiden vorderen Beine und flehte: „Bitte. Das Paradies ist unsere letzte Möglichkeit, uns vor den bösen Menschen zu retten. So sehr wir uns immer angestrengt haben, Gutes zu tun und den Menschen zu helfen, so sehr haben diese uns immer nur geprügelt, an unseren Köpfen gezerrt, uns nur Mist zum Fressen gegeben, uns jedes Mitleid versagt. Nur noch das Paradies kann uns retten. Bitte!" Das Muli zuckte dabei ehrfürchtig mit dem Kopf.

Der Erzengel grinste: „So leben Tiere halt. Ist normal. Was soll's." Doch auf einmal stutzte der Gabriel: „Du redest die ganze Zeit in der Mehrzahl. Aber ich sehe nur dich. Was quatscht du denn da überhaupt."

Irritiert hatte sich das Muli wieder aufgerichtet und lenkte seine großen traurigen Augen direkt auf den Erzengel: „Wir sind viele. Alle. Tausende. Wir alle können uns nur noch in das Paradies retten. Unsere letzte Chance. Bitte."

Gabriel überraschte dies offensichtlich und vorsichtshalber machte er einen Schritt zurück in seine Tür hinein. Nun lugte er nur noch um die Ecke: „Was redest du. Wo sollen die denn sein? Außerdem", vorsichtshalber noch einen halben Schritt in die Tür hinein: „Wo sollen sich die anderen, jene Tausende, von denen du sprichst, denn befinden?"

Das Muli wendete seinen Kopf: „Da hinten. In den Büschen. Die warten. Haben mich vorgeschickt, weil sie glauben, ich könnte am besten verhandeln. Und jetzt?"

Der Erzengel schaute zu den Büschen hinüber und

spürte regelrecht, dass sich diese bewegten. Dabei entdeckte er zudem die Büchse auf dem Rücken des Mulis: „Was ist das? Da auf deinem Rücken?"

„Eine Büchse. Ich weiß nichts darüber. Die wurde mir auf dem Weg auf den Rücken geschnallt. Mit dem Hinweis, sie auf keinen Fall zu öffnen. Oder nur das zweite Mal. Das verspräche dann etwas Hoffnung."

Der Erzengel bebte vor offenkundigem Entsetzen: „Weg! Hau ab! Verschwinde sofort!"

Damit schoss Gabriel nahezu geschwind durch die kleine Tür hindurch wieder hinein in das Paradies und verrammelte sie sofort. So fest, dass niemand sie öffnen konnte.

Das war der Moment für das Muli, einen sehr eigenartigen und entsetzlich lauten Pfiff von sich zu geben. Was bewirkte, dass auf einmal aus den vielen Büschen heraus Tausende von Mulis herbeistürmten, dabei klagende Laute von sich gaben und, bei dem ersten Muli und somit bei dem gewaltigen Tor angekommen, gegen dieses rannten, sich die Körper und Köpfe an dem Marmor zerschmetterten.

Immer wieder rannten welche gegen die Mauer, die ein Tor hätte sein können zum Paradies. Blutend fielen einige zu Boden, andere stolperten über diese und stürzten.

Nun geschahen zwei Vorgänge gleichzeitig. Denn unvorhersehbar sprang auf dem Rücken des ersten Mulis die Büchse auf und entließ grässlich dreinschauende und stinkende Dämonen.

In demselben Augenblick betätigte der Erzengel Gabriel einen Knopf neben seiner kleinen Tür. Dies bewirkte, dass die tödlichen Dämpfe aus der unter dem Paradies liegenden Hölle durch diverse Düsen vor dem gewaltigen Tor des Paradieses herausströmten und draußen schnell alles in einem schaurigen Nebel verhüllten.

Es brauchte nur wenige Atemzüge der Mulis, dann fielen sie einfach um, streckten nur noch ihre Beine von sich und trockneten von innen her aus. Die Dämpfe waren ohne jeden Zweifel tödlich.

Drinnen rieb sich Gabriel die Hände: „Geschafft. Wie gut, dass wir diese Abwehrwaffe haben. Zum ersten Mal ausprobiert, und schon funktioniert sie. Perfekt."

Zugegeben, Gabriels Vergnügen war zeitlich begrenzt. Denn er musste noch einen Weg finden, jene unzähligen Toten zu beseitigen. Doch auch das schaffte er nach einiger Zeit. Wohl unterstützt durch den einen Schrödinger und durch Petrus, den Fischer.

Ach ja, jenen Dämonen gelang es zu flüchten. Nutzlos, wie sie jetzt waren, schossen in die Lüfte und lösten sie sich ganz banal auf.

## Verbotene Zeit

Heftiges Klopfen an der Zimmertür schiebt sich in seine Träume hinein. Ein seltsamer Ton mit zitterndem Echo.

Das Klopfen hört nicht auf. Zusätzlich wird sein Name gerufen mitsamt der Bitte, doch zu öffnen.

Zwangsläufig erwacht er, blickt kurz auf seine Uhr, muss feststellen, dass es schon nach zwei Uhr ist.

Schon wieder wird sein Name gerufen und vibriert die Tür aufgrund klopfender Fäuste.

So rollt er sich vom Bett, steht auf, schnappt sich seine Schuhe, zieht sie an seine Füße und geht zur Tür. Angezogen ist er sowieso, er hatte sich ja voll bekleidet aufs Bett gelegt.

Als er die Tür von innen öffnet und hinausschaut, entdeckt er einen ziemlich aufgeregten Hotelangestellten.

„Bitte verzeihen sie, aber Sie hätten längst auschecken müssen. Bis ein Uhr."

Er nickt: „Stimmt, habe ich vergessen. Bin eingeschlafen. Komme gleich runter."

Der Angestellte verbeugt sich, dreht sich um und schleicht davon. Begeistert sieht das nicht aus.

Er schließt die Tür, schaut sich im Zimmer um, wandert zu dem vermeintlichen Sessel und setzt sich. Erst einmal sich erholen und nachdenken.

Ein Blick aus dem Fenster: der Regen ist vorbei, fast scheint die Sonne. Also kein Mantel und kein Regenschirm.

In Ruhe aufstehen, schnell prüfen, ob alles Notwendige im Jackett steckt. Geld, Kreditkarten, Zigarillos und zwei Feuerzeuge, außerdem das Telefon. Die kleine Aktentasche wirft er mitsamt überflüssigen Schriftstücken darin in den Papierkorb. Gefällt ihm schon lange nicht mehr. Der Gang zur Tür, die Karte zum Öffnen der Tür und dafür, die Elektrizität im Zimmer einzuschalten, aus dem entsprechenden Kasten gezogen, die Tür öffnen, zum Fahrstuhl.

Es braucht einige Zeit, bis der in seine Etage kommt. Drinnen schon ein jüngerer Mann im schwarzen Anzug mit bunter Krawatte.

Der begrüßt ihn: „Hallo".

„Nach unten?", fragt er prophylaktisch.

Der schwarze Anzug scheint zuzustimmen. Der Fahrstuhl fährt tatsächlich nach unten.

Er verlässt ihn zuerst und wortlos, wendet seine Figur in Richtung Rezeption.

Um diese Zeit ist es dort leer, also spricht er gleich die Frau an, die ihn freundlich anblickt. Er nennt seine Zimmernummer, sie hantiert an ihrem Computer.

Erschrocken artikuliert sie: „Oh, Sie hätten längst auschecken müssen. Spätestens um zwölf Uhr." Sie lächelt ihn standardisiert und zugleich etwas unglücklich an: „Sie müssen einen Aufschlag bezahlen. Ich muss das berechnen."

„Kein Problem. Ich verlängere einfach. Bis morgen."

Etwas hektisch werkelt sie erneut an ihrem Computer herum. Dabei grummelt sie irgendetwas vor sich hin.

„Kompliziert? Ich hoffe nicht." Er sucht, sie zu beruhigen.

„Ja, Ihr Zimmer ist eigentlich ab 15:00 Uhr belegt. Das wird sowieso nicht gehen." Sie schüttelt ihren Kopf mitsamt der üblichen komischen Frisur mit dem Knoten auf dem Hinterkopf: „Wenn überhaupt, dann müssen wir einen höheren Preis vereinbaren. Fast doppelt so hoch."

„Absurd. Warum das?"

„Messe. Dann ist es teurer. Sie haben sogar noch Glück bei uns. Andere nehmen das Dreifache."

„Okay, macht nichts. Ich behalte das Zimmer."

Sie überlegt, kramt weiterhin im Computer herum, drückt auf einige Tasten und überreicht ihm eine Papierseite: „Gut, ich habe den anderen auf ein anderes Zimmer verlegt. Jetzt müssen Sie hier", der Zeigefinger ihrer linken Hand weist auf eine Stelle in dem Papier hin, „hier unterschreiben".

Er unterschreibt mit dem Stift, der auf dem Tresen liegt, bedankt sich, schreitet zur Tür und nach draußen auf die Straße.

Dort sucht er in seinen Taschen herum und zündet sich schließlich ein Zigarillo an.

Er blickt nach oben. Keine Wolken. Eigentlich müsste die Sonne scheinen, aber in diesen Häuserschluchten kommt sie nicht vor. Oder lediglich, wenn die Himmelsrichtung passt.

Einige Schritte bewegt er sich auf dem Fußgängerweg nach links in Richtung Friedrichstraße. Immerhin ist es nicht kalt.

Ziemlich abrupt bleibt er stehen, ganz ruhig zieht er an seinem Zigarillo und scheint dies zu genießen.

Dabei schaut er unauffällig die Straße hinauf und hinunter. Kaum Autos, doch verhältnismäßig viele Menschen.

Für einen Augenblick meint er, lauter Schweine liefen aufrecht an ihm vorbei. Aber gleich wehrt er diese Vorstellung ab. Unsicher, ob sie den Schweinen oder den Menschen Unrecht täte.

Noch ein Zug, dann wirft er den Rest des Zigarillos in den Aschenbecher eines Papierkorbs in der Nähe und fingert mit der anderen Hand etwas verstört das Telefon aus der Tasche seines Jacketts.

Nachdenklich steht er da auf dem Fußweg herum und wirkt sicherlich für einige der anderen, die sich auf demselben befinden, als Hindernis.

Gelegentlich berühren ihn einige Körper der Vorbeigehenden. Ihn stört das nicht, stattdessen schaut er auf das Telefon, wählt und hält es danach an sein linkes Ohr.

Dies wiederholt er mehrfach. Offenkundig finden seine bisherigen Versuche jeweils keinen Anschluss oder werden abgeblockt. Das geht alles sehr schnell, lediglich einmal verharrt er für einige Zeit und lauscht. Sagt jedoch selber nichts.

Erst sein sechster Anruf findet einen Gesprächspartner. Mit dem verabredet er sich ohne viele Wörter auf dem Gendarmenmarkt in einem Café.

Demgemäß stopft er das Telefon zurück in die Tasche und geht los. Nicht schnell, aber gleichmäßig im Trott.

Er scheint den Weg gut zu kennen, schaut weder in die Schaufenster mit den Auslagen der Geschäfte noch in die Gesichter der anderen Passanten. Eher verhält er sich wie ein Flaneur, wechselt ab und an die Straßenseite. Nicht ohne auf den Autoverkehr zu achten. Kein Problem.

Gar nicht so weit zum Gendarmenmarkt. Der vordergründig imposanter aussieht, als er wirklich ist. Von Markt ohnehin keine Spur.

Das Café links an der Ecke. Dort hat er sich verabredet.

Mit dem Journalisten, mit dem einzigen, der bisher wirklich offen mit ihm gesprochen und ihn augenscheinlich auch verstanden hat.

Ja, der sitzt da schon und winkt ihm jetzt zu.

Sieht dabei recht fröhlich aus.

Bloß noch fünf Meter etwa, dann umarmen sie sich und setzen sich an dem kleinen Tisch einander gegenüber.

„Wie geht es dir?", fragt der andere und neigt seinen Kopf etwas nach links.

„Miserabel. Ich bin ziemlich fertig. Vielleicht sogar etwas durcheinander. Gerade auf dem Weg hierher habe ich über Leibniz' Entdeckung in den Herrenhäuser Gärten in Hannover nachgedacht: dass es keine zwei wirklich gleichen Blätter von Bäumen und Büschen gibt, wir uns das aber permanent so denken. Eben alles, was ähnlich ist, gleichmachen."

„Permanenter Ausgleich. Das passt gut zu meinen neuesten Informationen." Raimund Herbst lächelt vorsichtig.

Die Bedienung kommt an den Tisch, beide nicken sich zu, dann bestellt er zwei Espressi.

Die Kellnerin verzieht keine Miene und geht davon.

Nervös bohrt er nach: „Welche Informationen?"

„Hej, seit wann nimmst du dieses Wort in deinen Mund? Du hast doch ständig gegen Informationen polemisiert."

„Na gut. Aber jetzt spiel kein Theater. Zu spät. Bitte berichte einfach."

„Mann, du bist wirklich ganz schön angeschlagen. So kenne ich dich überhaupt nicht. Was ist los mit dir?"

„Komm. Du weißt das doch. Mich hat das wirklich mitgenommen. Das mit den Mulis und so. Deshalb rede doch endlich."

Die Kellnerin kommt zurück und bringt zwei Tassen

mit Espresso: „Sechs Euro". Dabei stellt sie die Tassen vor den beiden auf den Tisch. Ohne weitere Wörter.

„Aber wir brauchen Zucker. Meine Güte, was ist denn das für ein Service."

Die Frau sagt nichts, macht einige Schritte zu einem der Nachbartische, kommt mit dem Zucker wieder, platziert ihn etwas heftig auf dem Tisch und wartet.

Er kramt in seiner rechten Jackettasche, fischt ein paar Münzen heraus, legt das abgezählte Geld auf den Tisch.

Die Kellnerin greift danach, steckt die Münzen in einen Beutel und spaziert mit verächtlichem Blick davon.

„Lass sie einfach gehen. Hat kein gutes Leben und verdient doch fast nichts." Sein Gegenüber runzelt sehr freundlich die Stirn und setzt dann direkt fort: „Nun die neuen Nachrichten..."

„Endlich. Bitte, ich bin schon wirklich aufgeregt."

„Zuerst: Schrödinger, also nun auch der zweite Schrödinger, ist ebenfalls tot. Ein Unfall in einer Kleinstadt in der Pfalz."

„Sag bloß in Haßloch? Das würde passen."

„Was soll das denn? Vorher kennst du diesen Ort?"

„Solltest du auch kennen. Ist nämlich der Ort mit dem statistisch absoluten Durchschnitt der Bundesrepublik. Durchschnittliches Alter, Einkommen, Zahl der Kinder und noch mehr."

„Aber ein wahnsinniger Name. Ausgerechnet für solch einen Ort." Er lacht etwas uneinig vor sich hin: „Schrödinger in Haßloch. Wahnsinn. Wie ist er umgekommen? Der stirbt doch nicht einfach so."

„Das soll ein Unfall gewesen sein", der lacht immer noch, drückt dazwischen jedoch die Wörter heraus: „Soll ein Verkehrsunfall gewesen sein. Aber keine weiteren Nachrichten darüber. Wird irgendwie geheim gehalten. Etwas obskur, zweifellos."

Er hat mittlerweile seinen Espresso ausgetrunken und schiebt die Tasse mit der Untertasse leicht von sich weg: „Komisch ist das schon. Aber irgendwie auch spannend, dass dieser Mythos Schrödinger nun vielleicht endgültig vorbei ist."

„Na ja, endgültig klingt etwas sehr eindeutig. Ich traue dem ganzen Kram überhaupt nicht."

Eine Gruppe von Touristen, offenbar eine Stadtführung, gleitet an ihnen vorbei, bleibt glücklicherweise erst einige Schritte weiter stehen. So müssen die beiden nicht zuhören, was denen über den Gendarmenmarkt erzählt wird.

Immerhin guckt er gewissermaßen automatisch hinter ihnen her und zündet sich mal wieder ein Zigarillo an. Als ob sich in der Gruppe ein Schrödinger verstecken könnte.

Aus dieser Ansicht wird er durch den anderen herausgerissen: „Also, jetzt musst du sehr genau zuhören. Meine nächste Nachricht ist noch absurder."

„Raus damit. Schnell." Sein Kopf wendet sich.

„Du wirst es nicht glauben, aber es stimmt: Was denkst du, wo man Gabriel gefunden hat?"

„Was heißt gefunden?"

„Doch, wirklich gefunden. Nämlich in Hagenbecks Tierpark."

„In Hamburg? Und warum dort?"

„Er galt als verschwunden, und alle suchten ihn. Dann fanden ihn Wärter in jenem Tierpark."

Er schüttelt seinen Kopf und gestikuliert mit beiden Händen: „Was wollte der dort? Einen neuen Wahlkampf für Tiere veranstalten?"

„Viel unsinniger. Der Gabriel hatte offenkundig begonnen zu glauben, er sei ein Papagei. Deshalb sauste er angeblich dorthin und verhielt sich wirklich wie ein Papagei. Schnatterte oder plapperte irgendwelche Sätze, imitierte sogar Angela oder die Pute und manchmal sogar ganz viele."

„Du willst mich auf den Arm nehmen", er grinst, „ich glaube dir kein Wort. So meschugge kann der doch nicht sein."

„Doch", der gluckst, „das stimmt wirklich, da gibt es sogar Bilder. Gabriel wedelt mit seinen Armen, als ob dies Flügel seien, hüpft von Stange zu Stange und versucht, sich unter die anderen Papageien im Käfig zu mischen.

Kurzes Schweigen.

Er unterbricht es: „Und dann?"

„Die haben sich redlich bemüht, ihn einzufangen. Das dauerte locker eine Stunde, bis sie ihn in einen Sack stecken konnten. Laut neuesten Informationen hat er sich jedoch keineswegs beruhigt. Plappert immer noch, redet in altmodischen Wörtern von einem Bürgermeister, der ihn bedrohe und ersetzen wolle. Urkomisch."

„Du bist gut. Das ist scherzhafte Revolution. Bloß selbst verursacht."

Die Touristen schlängeln sich erneut an ihnen vorbei und folgen einer bunten Fahne, stolpern gelegentlich über das Pflaster und wirken insgesamt etwas gelangweilt.

Dabei quetscht sich derzeit die Sonne zwischen den Wolken hindurch.

„Und nun?" Er sucht nebenbei nach der Kellnerin, noch ein Wasser zu bestellen. Aber die ist außer Sicht. „Was passiert jetzt?"

„Keine Ahnung. Noch steckt der in Hagenbecks Tierpark."

„In Hamburg. So fern von Berlin. Der gehört doch in die Psychiatrie."

„Vorsicht. So einfach geht das mit Gabriel nicht."

„Sorry, war dumm von mir. Aber in Therapie auf jeden Fall."

„Da hast du wahrscheinlich recht. Die einzige Nachricht, die ich noch kurz in der Redaktion hörte, war, dass sich ein St. Martin um ihn kümmern würde. Wer immer das sein mag."

Die Kellnerin taucht aus irgendeiner Entfernung auf, und er winkt ihr mit seiner linken Hand zu.

Tatsächlich, sie reagiert und schlurft zu dem Tisch, an dem die beiden miteinander reden.

Die Kellnerin kommt, nimmt die Bestellung von nun zwei kleinen Flaschen Mineralwasser entgegen, „stilles Wasser", nickt und stapft davon.

„Soweit die wahrlich merkwürdigen neuen Nachrichten." Der andere zupft ihn leicht am Ärmel des Jacketts: „Willst du noch mehr hören?"

„Wenn die alle so komisch sind, gewiss."

„Nein, die sind nicht lustig. Aber entlasten die Mulis."

Sofort wird er hellwach und richtet sich auf: „Dann los. Das kann ich gebrauchen."

„Dachte ich mir. Wird dir wahrscheinlich guttun."

Die Kellnerin unterbricht mal wieder, stellt zwei kleine Flaschen mit Mineralwasser und dazu zwei Gläser auf den Tisch, gießt keineswegs ein, verlangt jedoch „Acht Euro".

Diesmal holt Raimund Herbst ein Portemonnaie heraus, öffnet dies, zählt neun Euro ab und gibt sie der Frau.

Die ergreift die Münzen und macht sich davon.

Er gießt in beide Gläser etwas Wasser und bittet dann: „Raus mit diesen Nachrichten".

„Naja, völlig anders als in den ersten Berichten haben die Mulis bei weitem nicht so gewütet wie zuerst vermeldet. Zumindest was die Menschen betrifft. Denn tatsächlich sind im Rahmen dieser Aktion lediglich – immer noch zu viel – drei Menschen gestorben. Und die waren alle selber schuld daran. Der eine fiel vom Balkon, und die anderen haben ebenfalls völligen Unsinn betrieben und sich quasi selbst umgebracht."

Zweifellos verunsichert redet er von Entlastung, merkt zugleich an, dass es immer noch drei Tote zu viel seien und verläuft sich in einem längeren Gedankengang: „Wobei man sich gar nicht selber umbringen kann. Selbstmord ist Quatsch, das gibt es nicht. Denn dazu benötigt man stets einen anderen oder etwas anderes. Also Chemie oder Produkte wie Messer und Pistolen oder ein Seil..."

„Lies Magie, zeig am Seil", unterbricht der andere ihn, „immerhin ein Palindrom."

„Nicht schlecht. Doch es ist wirklich so. Selbstmord? Man schafft es nicht, sich selber zu töten. Ohne Hilfe von etwas oder von jemand anderem. Also macht man dabei stets jemanden oder etwas schuldig. Und das ist einfach Unsinn."

„Nicht vorstellbar, dass ein asiatischer Kampfsportler das doch schafft? Mit irgendeinem besonderen Stoß gegen sich selbst?"

„Glaube ich nicht. Aber, zugegeben, das weiß ich nicht. Bräuchte zudem eine völlig andere Vorstellung, eben wirklich selber schuld zu sein und die Schuld nicht auf etwas oder eine andere Person zu verschieben."

„Ja, das ist eigenartig." Der trinkt zwei Schlucke vom Wasser (was im Plural seltsam klingt) und spricht weiter: „Aber die materiellen Zerstörungen sind schon beträchtlich. Mindestens fünfzig Autos, viele Fahrräder und massenhaft Schaufensterscheiben. Der Schaden ist materiell groß, kein Zweifel. Aber das kann man verkraften."

„Danke", er senkt seinen Kopf ein wenig, „immerhin fast nur materieller Schaden. Wirklich nicht schlimm. Aber die Mulis selber? Wie viele sind getötet worden?"

Der zögert und trinkt erst einmal wieder: „Das sieht allerdings schlimm aus. Man schätzt nach meiner Kenntnis, dass ungefähr zwölftausend Mulis getötet wurden. Oder gestorben sind in dem Chaos."

„Scheiße. Warum denn? So ein Schwachsinn. Bloß Rache und Verachtung gegenüber den Mulis. Widerlich."

Stille. Keine Touristen in der Nähe, lediglich in einer gewissen Entfernung fahren Autos herum. Sonst nichts.

„Noch weitere Nachrichten? Oder genauer: Wie viele sind übrig? Und wo sind die?"

„Man schätzt, dass sehr viele es geschafft haben, aus Berlin zu fliehen. Wohin auch immer. Außerdem sollen noch etwa einhundert in Berlin herumlaufen. Man nimmt an, im Tiergarten, nicht weit vom Brandenburger Tor."

Er schiebt sein linkes Bein vom rechten Oberschenkel und legt nun das rechte Bein auf den linken Oberschenkel: „Noch etwas?"

„Ja, weil wir gerade bei Selbstmord waren. Heute Vormittag legte ein Muli den ganzen Zugverkehr in Berlin lahm."

## Letztes Licht

Gehetzt jagte mitten in Berlin ein Maultier eine Böschung hinauf. Es rannte, sprang zwischendurch, stolperte, riss sich die Haut an Dornen auf, lief weiter.

Druck auf den hinteren Beinen, zuerst das vordere linke Bein etwas nach oben setzen, das rechte Bein hinterherziehen und dann der Sprung mit den hinteren Beinen. So bewegte sich der Körper allmählich nach oben.

Nach einer Weile dort angekommen, bewegte sich das Maultier auf dem schmalen Pfad neben den Gleisen der Eisenbahn vorsichtig nach rechts. Denn dort gab es zentral zwei Gleise, Schienenstränge, die sich weit nach links ausrichteten.

Das Maultier blickte zurück. Dort bogen ebenfalls in einiger, aber eben sichtbarer Entfernung, jene beiden Schienenstränge nach links ab.

Das Maultier zauderte nicht lange, tat zwei Schritte nach links und stand nun mitten auf einem der beiden Gleise. Mit dem Kopf in Fahrtrichtung der Züge auf diesem Gleis.

Dort suchte es, mit den Hufen einen festen Halt in dem Schotter zu gewinnen und bohrte jene in diesen hinein.

So verharrte es, streckte den Kopf nach vorne und wartete.

Es brauchte eine Weile, dann sirrte das Metall der Gleise, und alsbald zitterte der Boden unter dem Maultier.

Es wartete. Bald strömte der Ton eines herannahenden Zuges in seinen Ohren, doch kurz danach erblickte es in angemessener Entfernung einen Zug, der ihm auf dem anderen Gleis entgegenkam. Mit großer Geschwindigkeit, so dass das Maultier von der Zugluft fast umgerissen wurde.

Solche Züge schieben so viele Luftmassen vor sich her und verteilen sie zu den Seiten, dass alles davonfliegt oder auch mitgerissen wird.

Weshalb das Maultier sich mit aller Macht gegen diese Energie zur Wehr setzen musste, um nicht umzufallen. Es stemmte sich dagegen, verkeilte seine Hufe zwischen den Bohlen auf dem Boden. Dennoch war die Kraft des Zugs so gewaltig, dass das Maultier für einen kurzen Moment nahezu die Balance verlor und sein linkes Bein in der Luft schwebte.

Aber es rappelte sich, gewann die Stabilität zurück, mit seiner Abwehrkraft und seiner so erstaunlichen körperlichen Stärke blieb es stehen. Bis endlich der Zug vorbeigerauscht war.

Wahrscheinlich hätte man einen oder mehrere Seufzer des Maultiers hören können.

Kaum war der Zug etwas entfernt, stellte es sich erneut, nun ein wenig gelassener, in dem Gleis auf, den Kopf weiterhin in Fahrtrichtung. Es wartete.

Nicht allzu lange. Dann zitterte das Metall der Schienen wiederum, begann der Boden zu wackeln und entwickelte sich verhältnismäßig geschwind die Akustik eines heranbrausenden anderen Zugs. Genau auf dem Gleis, auf dem das Maultier stand. In dessen Rücken.

Das Maultier drehte sich nicht um, verharrte ganz fest, presste die Zähne aufeinander, hob die Lippen.

Plötzlich das Kreischen von Bremsen. Selbstverständlich zu spät. Der Zug hielt einige hundert Meter weiter, nachdem er das Maultier überrollt hatte.

So stand nun der Zug. Auf der Front völlig mit Blut bespritzt, auf der vorderen Scheibe noch einige Fetzen von Fell und Haut, an einer Stelle sogar einige Knochen.

Bitter für den Fahrer des Zugs, der fraglos anfänglich befürchtete, mal wieder einen Menschen, also einen Selbstmörder, getroffen zu haben. Entsetzlich für ihn zudem die mit Blut bespritzte Scheibe, durch die er nach vorne blickte.

Ansonsten verursachte das ein beträchtliches Chaos des Zugverkehrs in Berlin. Denn der Zug musste stehen bleiben, auf die Polizei warten, die erst einmal untersuchte, was das denn für ein Unfall gewesen war und wen es erwischt hatte.

Dies löste sich bei der Polizei in Wohlgefallen auf, als sie feststellte, dass lediglich ein Maultier getötet worden war.

Dennoch blieb der Zug lange Zeit auf der Stelle stehen, wurde dessen Front von einer entsprechenden Reinigungstruppe gesäubert, da er in diesem Zustand in keinen Bahnhof hätte einfahren können. Man war, wie stets, um Sauberkeit und Vertuschung bemüht.

## Endgültig

„Ehrlich, mir tun die sehr leid. Ist traurig um die." Er klingt wahrlich getroffen.

Was den Herbst provoziert: „Mitleid nützt gar nichts. Und deine Betroffenheit ist banal."

„Hast du denn gar kein Mitleid mit den Mulis?"

„Nein, ich kann dir in diesem Zusammenhang wirklich nicht folgen. Das sind doch nur Tiere. Die ausgerastet sind, die Kantstraße verwüstet und so viel Durcheinander produziert haben. Was soll das."

„Meine Güte, bist du hart. Völlig gedankenlos, weder Moral nach Ethik. Blöder Nihilist." Unklar, ob das ruppig vorgetragen wurde.

„Na, immerhin gestehst du mir eine gewisse List zu. Das tut gut. Und außerdem hat doch schon Immanuel Kant deutlich zwischen den Tieren, anderen Lebewesen und den Menschen unterschieden. Da es eben nicht einfach nur um das Denken geht, vielmehr um die Fähigkeit, über das Denken nachdenken zu können und zu wollen. Das unterscheidet uns substanziell von Tieren. Mehr muss man nicht sagen."

„Blödsinn. Stell dir jene Mulis auch nur für einen Moment als Symptome vor. Meinetwegen als Metamorphosen oder simpler als Metaphern. Dann wirst du genauso traurig wie ich."

Linker Zeigefinger kratzt an der Stirn: „Kann ich nicht. Unmöglich. Das sind schlicht Mulis. Egal, ob Maultiere oder Maulesel. Mein Mitleid ist sehr gering. Außerdem ist Mitleid hilflos und bloße Attitüde."

„Komm. Das ist die Inkarnation von Unterdrückung. Mulis sind das Proletariat unter den Tieren."

„Du hast einen Knall. So geht es nicht. Jetzt wirst du ideologisch und versuchst ziemlich hilflos, dein seltsames Mitgefühl zu rechtfertigen. Klappt nicht. Keine Chance."

„Und du, ausgerechnet du, willst mich belehren. Schaffst du nicht. Da fehlen dir ein paar meiner Erfahrungen. Und meine Fantasie."

Eine Taube torkelt um ihre Füße herum auf der Suche nach Nahrung.

„Willst du die jetzt auch beschützen. Diese Parasiten?"

„Nein", er schüttelt gleich seinen ganzen Körper, „die mag ich auch nicht. Dennoch sollte man für einen Moment mal überlegen, dass und warum im Deutschen das Survival of the Fittest völlig falsch meist als Überleben des Stärkeren übersetzt worden ist."

Der andere verscheucht die Taube durch heftiges Auftreten mit seinen beiden Füßen: „Ja, ja, hast du aber schon zu oft erläutert. Hilft sowieso den Mulis überhaupt nicht." Die Füße stehen wieder ruhig nebeneinander: „Gib es doch auf. Ich finde ja auch fürchterlich, dass die Presse und andere Medien diesen Vorfall wieder einmal benutzt haben, einen Skandal zu entfachen. Und ebenso grässlich ist es, jene Tiere zu erschießen oder anderweitig umzubringen. Völlig überflüssig, klar. Nur kann man daraus doch nicht gleich Theorien und Protest begründen. Schon gar nicht du."

In einiger Entfernung schiebt sich ein dickes Wolkenband langsam in den blauen Himmel hinein. Von einer Ecke des Gendarmenmarkts tönt die Sirene der Feuerwehr oder der Polizei. Ansonsten ist es ziemlich still.

Es braucht einige Zeit, dann steht er auf und fragt noch: „Wo, sagtest du, befinden sich die verbliebenen Mulis jetzt?"

„Ich sollte es dir nicht sagen. Aus Freundschaft." Der zaudert, gibt jedoch nach: „Am Tiergarten. In der Nähe, das ist meine letzte Information, Straße des 17. Juni. Rechts davon irgendwo im Gelände." Offenkundig etwas ängstlich fügt der hinzu: „Du musst vorsichtig sein. Ich fürchte, Polizei und sogar Militär suchen da schon herum. Denn immer noch heißt es, die Mulis müssten vernichtet werden."

„Da siehst du es. Die sind völlig verrückt. Nicht die Tiere sind gefährlich, sondern die brutalen Menschen."

„Soll ich mitkommen?"

„Vergiss es. Danke für das Angebot. Doch für dich wäre das eine sehr abstrakte Unterstützung. Danke." Er reicht dem andern seine rechte Hand hin, der steht auf, und beide schütteln kurz ihre Hände.

Ein abschließendes „Tschüss" aus beiden Mündern, er dreht sich um und schreitet, anders kann man das nicht nennen, etwas heldenhaft schräg über den Platz zu einem der Hotels, vor dem sich eine schmale Straße entlang schlängelt.

Unauffällig bewegt er sich in das Hotel durch eine Nebentür hinein.

Drinnen setzt er sich für kurze Zeit auf einen der herumstehenden, wirklich scheußlichen und unbequemen Sessel, erhebt sich bald und wandert, diesmal auffällig, durch den Hauptausgang. So, dass der Angestellte an der Tür ihn als Gast begreift, der dringend ein Taxi benötigt.

Die recht dunkle Wolkenbank zieht sich weiter über den Himmel, nur noch etwa die Hälfte des Himmels leuchtet in hellem Blau.

Das Taxi fährt vor, er steigt hinten auf der rechten Seite ein.

## Kopflos

Hinten im Taxi ist es sehr eng. Er bittet den Fahrer, den Sitz rechts neben dem Fahrersitz, also jetzt vor ihm, nach vorne zu schieben.

Freundlich ist der Mann am Steuer nicht, doch widerwillig greift der weit rechts von ihm irgendeinen Hebel und zieht jenen Sitz ein wenig nach vorne.

„Danke. Zum Steinplatz bitte, Ecke Hardenbergstraße."

Vielleicht nickt der Fahrer, auf jeden Fall gibt er Gas
und bewegt sich das Fahrzeug.

Geräumig ist das nicht. Wohl so ein verkleinerter Mer-
cedes.

Doch er rückt sich da hinten zurecht und genießt den
Blick aus dem Seitenfenster und auch nach vorne.

Später Nachmittag. Die Sonne, die sich nun doch gegen die Wolkenfront weitgehend durchgesetzt hat, pro-
jiziert umstehende Bäume, Straßenlaternen ebenso wie
Menschen und Autos oder Leute auf Fahrrädern als
schon längere Schatten auf die Straße.

Das Taxi stoppt an einer Ampel in der ersten Reihe
direkt am roten Licht. Die Sonne im Rücken.

Schon breitet sich vor dem Auto solch ein fantastisch
verwickelter Schatten auf der Straße aus. Zweidimensional. Schatten existieren lediglich zweidimensional.

Womit sie alles Dreidimensionale ineinanderschie-
ben und so die vielen einzelnen Bilder in einem verei-
nigen. Flach. Da bleibt nichts mehr für sich, gerät alles
in einen intensiven Diskurs, aus dem heraus sich nichts
lösen kann.

Jetzt fährt das Taxi wieder los und rollt mit seinem eigenen Schatten, der ebenfalls eine große, eigenartig ge-
wölbte Fläche darstellt, über den andere Autos vor ihm
einfach hinüberfahren. Und verstören einzig den Schatten, sonst nichts.

„Schade", er hat fast leidenschaftlich durch das vordere Fenster hindurch jenen verwinkelten Schatten beobachtet und dabei versucht, ihn in die einzelnen Bilder
aufzulösen. Keine Chance. Und nun ist der Schatten weg.

Vorne flucht der Fahrer über einige Fußgänger, die etwas spontan und ohnehin verspätet, eben angesichts einer roten Ampel, über die Straße rennen. Tatsächlich

muss der kräftig bremsen.

Es geht weiter, gerade eine Linkskurve entlang. Vor den ziemlich banal gestalteten Häusern reihen sich Bäume hintereinander auf. Keine gewaltigen, auch keine besonders mit Blättern ausgestatteten Bäume. In der Reihe wirken sie dennoch beruhigend.

Jedoch keine filigranen Schatten in dieser Straße. Die Häuser blocken die Sonne ab, verhindern neue Anschauungen.

Das Auto biegt an einer Kreuzung nach rechts und wenig später noch einmal nach rechts ab. Keine Bäume. Und auch hier wenig Leute auf der Straße.

Er lehnt sich zurück, bemüht sich um Rückhalt dahinten auf der Bank. Manchmal rutscht er. Gelegentlich versucht er dann, sich an so einem weißen Kunststoffgriff oberhalb der Tür festzuhalten, den er jeweils zuerst ausklappen muss, bevor sich seine Finger darum klammern können.

„Was ist ein Schlagschatten?" Er erschrickt, weil er diese Frage laut äußert. Obwohl er dahinten einfach still sein wollte.

Glücklicherweise nimmt der Fahrer ihn überhaupt nicht zur Kenntnis, betätigt bloß Gas, Bremse und das Lenkrad.

Besser so. Seine eigene Frage kann er zwar derzeit nicht lösen, aber sie ist auch nicht so wichtig. Stattdessen stellt er sich für einige Augenblicke vor, das Taxi bewegte sich überhaupt nicht, bliebe auf der Stelle stehen. Und die Häuser zischten von selbst an ihm vorbei.

Lediglich die Entscheidung über den eigenen Standort. Mit unermesslichen Folgen.

Lange kann er dies nicht durchhalten. Das Taxi ruckelt und zuckt viel zu heftig, als dass man sich einbilden könnte, es stünde still.

So bleibt er selbst im Automobil nur ein sich bewegendes Publikum. Kann allerdings die anderen Menschen, die sich partiell um ihn herum bewegen, ebenfalls als Publikum verstehen. Doch was sehen die? Zum Beispiel ihn. Wenn sie denn zu ihm hinschauen.

Das ist wie im Museum. Man sieht ein Bild, jedoch stets oder fast immer andere, die auch davorstehen. Also niemals oder fast niemals das Bild selber. Ach ja, oft kommen auch dort die Schatten hinzu. Allein das Bild sieht alle. Außer sich selber. Der archaische Torso staunt über das Publikum.

Was, wenn er in den Spiegel blickt? Ein neuer Narziss?

Quatsch, im Taxi sitzt er im Kino. Oder ist Teil des Films, den die anderen erblicken. Wackelige Bildfolgen, aufgenommen mit einer Handkamera.

Er purzelt gegen den Sitz vor ihm. Klar, der Taxifahrer hat sehr plötzlich angehalten. Keine Vorwarnung.

Der Fahrer dreht sich zu ihm um und erklärt: „Steinplatz. Da wollten Sie doch hin."

„Schon gut." Er rumpelt sich zurecht: „Wie viel kriegen sie?"

„Steht hier", der Mann dort vorne zeigt mit seiner linken Hand irgendwo hin.

„Kann ich nicht sehen. Sagen Sie es mir doch einfach."

„Fünfzehn Euro achtzig."

Er kramt mal wieder in seinem Jackett, sucht wahrscheinlich nach Geld.

Es braucht sicherlich zwei Minuten, bis er einen Geldschein nach vorne reicht: „ist okay so".

Der Taxifahrer guckt auf den Schein und staunt, sagt dennoch nichts. Während er hinten rechts von innen die Tür öffnet und sich etwas gequält aus dem Auto quetscht.

Das Taxi verlässt diesen Ort, er schaut sich um, sucht das Café, auf dessen Terrasse er gestern noch gesessen hatte.

# Torso

Heute stehen auf der Terrasse nur zwei kleine Tische mit jeweils zwei Stühlen. Etwa drei Meter voneinander entfernt. Niemand sitzt dort. Alles still und leer.

Er schiebt sich an einen der Tische und setzt sich auf den einen dazugehörigen Stuhl.

Lange muss er nicht warten, hat sich gerade ein Zigarillo angezündet und einen ersten Zug davon inhaliert. Da öffnet sich die Tür zum Café und die junge Frau eilt herbei, die ihn gestern schon bedient und vielleicht am Schluss sogar gerettet hat.

„Mensch, Sie wieder hier?" Sie baut sich vor ihm auf und lächelt erstaunt.

„Ja. Schön, Sie wiederzusehen." Er steht auf und bittet sie, sich doch kurz auf dem zweiten Stuhl niederzulassen: „Bitte. Nur für ein paar Minuten."

Sie sieht ein wenig ängstlich zur Tür hinüber, aus der sie gekommen ist: „Ich weiß nicht, ob mein Chef das erlaubt."

„Blödsinn. Das übernehme ich. Keine Sorge." Er produziert eine etwas verkrampfte Geste, die einladend aussehen soll: „Bitte, setzen Sie sich einfach. Immerhin haben Sie mir doch gestern so sehr geholfen."

„Und Sie hatten darauf so komisch reagiert. Völlig verrückt."

„Erst mal setzen. Bitte." Er rückt ihr den Stuhl hin. Sie setzt sich, etwas später er ebenfalls.

Sie schaut nicht sehr fröhlich drein, eher immer noch verunsichert. Schiebt ihre Knie zusammen und streicht mit beiden Händen die dunkelblaue Hose glatt. Obwohl die Hose gar keine Falten entwickelt hat. Dabei blickt sie vor sich hin, quasi auf ihre ebenso dunkelblauen schmalen Schuhe.

Er schaut sie vorsichtig an. Offenkundig in der Absicht, nicht aufdringlich zu wirken.

So sitzen die beiden da auf der Terrasse. Von außen könnte man denken: wie im Traum.

Nach einigen Minuten zerreißt er die Stille, die übrigens von keinem Auto oder Menschen gestört wird. Hier ist heute alles still. Irgendwie leblos.

Also stört nun ausschließlich seine Stimme diese Tonlosigkeit: „Möchten Sie etwas trinken?"

Sie schaut hoch, fast in sein Gesicht: „Wie stellen Sie sich das vor? Ich darf hier nichts öffentlich trinken. Ich bin die Bedienung."

„Aber nicht heute. Ich hole alles. Espresso, Wasser, Cappuccino. Was immer Sie wollen."

Sie schüttelt heftig ihren Kopf: „Was glauben Sie denn? Dann verliere ich sofort meinen Job. Fraternisieren mit den Gästen ist streng verboten."

„Völlig bekloppt." Den zweiten Teil seines Satzes unterlässt er, denn es hätte arrogant geklungen, ihr zu erklären, dass das in diesem Fall so etwas wie „Sœurisieren" hätte heißen müssen.

Jetzt sitzt sie aufrecht: „Doch. Die sind hier so. Mit den Gästen sollen wir nicht reden."

„Na gut. Das ist eine ziemlich blöde Regel." Er sucht erfolglos mit seinen Augen die ihren zu erwischen: „Außerdem ist heute alles anders. Das ist doch kein normaler Tag."

Sie schaut weg, aber steht nicht auf. Bleibt sitzen.

„Bitte", er fleht sie nahezu an: „was kann ich denn für Sie tun? Irgendetwas muss ich doch tun."

Ihre Haare wuscheln um ihren Kopf herum, als sie antwortet: „Nein. Das ist jetzt doof von Ihnen. Do ut des: das ist wirklich nicht cool. Da hätte ich Sie für klüger gehalten."

Sie entfaltet die Tendenz, aufzustehen. Doch er hebt beide Hände, als hätte sie eine Waffe in den ihren: „Entschuldigung. Sie haben recht. Völlig recht. Tut mir leid."

Nach kurzer Zeit zieht er die Hände wieder nach unten: „Ich bin eben doch etwas angespannt."

„Das glaube ich sofort", ihre Stimme gewinnt an Stabilität: „Als Reagenzglas taugen Sie nicht. Wirklich nicht. Sie sollten mich nicht unterschätzen."

„Nein. Selbstverständlich nicht." Nun ist es an ihm, verstört irgendwo in die Gegend zu schauen.

Ziemlich ratlos fixiert er deshalb in einem Haus an der nächsten Straßenecke einen völlig beliebig aussehenden Balkon und hört sich selber zu, als er mit nicht ganz klarer Stimme vorschlägt: „Was soll ich tun? Raten Sie mir einfach. Wirklich. Tut mir leid, aber wahrscheinlich bin ich deshalb hier, weil ich noch einmal Ihre Hilfe benötige."

„Keine Chance. Ich weiß doch noch nicht einmal, wer Sie sind."

„Das macht doch nichts. Gestern wussten Sie das doch auch nicht."

„Nein. Aber da war ich naiv." Sie steht auf: „Sie haben offenbar überhaupt keine Ahnung. Zum Beispiel darüber", sie schafft eine Kunstpause, „dass einige Zeit, nachdem Sie hier verschwunden waren, die Polizei mich intensiv verhört hat. Die wollte nämlich auch wissen, wer Sie sind. Was Sie hier wollten. Was wir miteinander geredet haben. Und so."

„Und was haben Sie denen gesagt?" Er ist auch aufgestanden. Sie stehen sich, allerdings nicht unfreundlich, gegenüber.

„Dass ich keine Ahnung habe. Sie nicht kenne. Sie bloß hier längere Zeit herumgesessen und Espresso getrunken haben."

„Irgendetwas über den, den ich hier getroffen habe?"

„Selbstverständlich nicht. Ich bin doch kein Polizeispitzel."

Längst hat er seine Augen von dem albernen Balkon

zurückgeholt und blickt sie erstaunt an. Aber wortlos. Vielleicht fassungslos.

Sie wartet womöglich auf eine Reaktion von ihm. Als diese nicht kommt, redet sie weiter, nahezu in einem Plauderton: „Glauben Sie, mir hätte das Spaß gemacht? Von der Polizei verhört zu werden. Einfach so."

Überraschenderweise setzt sie sich wieder hin: „Warum wollten die das über Sie wissen? Welches Geheimnis verbergen Sie? Ich verstehe das nicht."

Schier atemlos schweigt sie. Kommt aber zurück ins Gespräch: „Und Ihre Beziehung zu den Maultieren? Das hat Sie doch irgendwie betroffen?" Auch sie schaut ihm ganz offen ins Gesicht.

Einige Mannschaftswagen der Polizei rollen die Hardenbergstraße entlang in Richtung Ernst Reuter Platz. Acht Stück. Mit Blaulicht, aber ohne Sirenen.

Die beiden auf der Terrasse ducken sich spontan und blicken sich dabei gegenseitig verwundert an.

„Da kam die Polizei: Ja was ist denn das? Drei Chinesen mit dem Kontrabass", brummt er halblaut vor sich hin.

„Sie sind wirklich komisch." Sie lacht nahezu: „Ich kenne das Lied. Ist witzig, soll man aber eigentlich so nicht mehr singen. Wegen Rassismus und so."

Er reagiert darauf nicht, etwas erschöpft setzen sich beide erneut auf die Stühle und holen erst einmal Luft.

„Mal wirklich, wo fahren die hin?" Ihr Kopf zielt in seine Richtung.

„Woher soll ich das wissen." Das klingt lakonisch. Doch gleich korrigiert er sich: „Ich nehme an, in den Tiergarten. Da sollen sich noch Mulis herumtreiben. Die letzten in dieser Stadt."

„Na, Sie sind ja gut informiert."

„Bitte keine falschen Schlüsse. Das weiß ich nur von einem Journalisten. Sonst habe ich damit nichts zu tun."

Nach einer sehr kurzen Pause: „Noch nicht".

„Was soll das denn jetzt?" Ihre Stimme tönt zwischen mürrisch und verwirrt.

„Vergessen Sie's. War nur so dahingeredet."

„Glaube ich nicht. Langsam glaube ich Ihnen sowieso nichts mehr." Ihr Kopf schwankt bedenklich. „Mal ehrlich, warum sucht Sie die Polizei?"

„Ganz ehrlich: Ich weiß es nicht."

„Aber Sie haben doch mit den blöden Maultieren zu tun. Geben Sie's doch zu. Lohnt nicht, mich zu veralbern. Wirklich nicht."

Er lehnt sich auf dem nicht sehr stabilen Stuhl zurück: „Versprochen. Ich kenne die nicht. Noch nicht einmal einen davon."

„Und die Polizei?"

Eine Katze schleicht an den beiden zwischen den Tischen vorbei.

„Ich mag Katzen überhaupt nicht. Ebenso wenig Schrödinger und Gabriel."

„Wer ist das denn nun wieder? Sie werden immer rätselhafter."

„Vergessen Sie das. Manchmal rede ich Unsinn." Der Stuhl unter seinem Po zittert.

„Die Polizei? Und die Maultiere?" Sie will aufstehen, bleibt dann doch sitzen.

„Also: Das mit der Polizei verstehe ich selber nicht. Wahrscheinlich haben die nur versucht, halbwegs herauszufinden, wer sich auf dem Weg der Mulis befunden hat." Er übernimmt leichtfertig die Haltung eines Dozenten: „Die sind offensichtlich ahnungslos, was da passiert ist. Zu kompliziert für die."

„Was soll daran kompliziert sein? Massen von Tieren machen die Stadt kaputt. Das ist doch furchtbar."

Er doziert weiter: „Vorsicht. Erstens ist gar nicht so viel Schlimmes passiert. Meine Informationen besagen, dass viel weniger von ihnen angerichtet wurde, als die meisten, vor allem die privaten Medien behaupten."

Sie unterbricht ihn: „Woher wissen Sie das? Wenn Sie das überhaupt wissen und mir nicht bloß blöde Lügen erzählen. So dumm bin ich nicht."

„Zum einen halte ich Sie wahrhaftig nicht für dumm. Das können Sie mir gerne glauben." Der Dozent gerät drastischer zum Vorschein: „Zum anderen", er unterbricht kurz, setzt gleich fort: „aber das müssen Sie bitte für sich behalten, vor allem, wenn die Polizei noch einmal auftritt."

Sie neigt zustimmend ihren Kopf. Irgendwie sichtlich durch seine geradezu ulkige Attitüde als Dozent beeindruckt.

„Zum anderen", jetzt wendet er seinen Kopf direkt in ihre Richtung, „kenne ich einen Journalisten, der mir alles berichtet hat, was derzeit über die Vorfälle vom gestrigen Tag bekannt ist."

Ziemlich eingeschüchtert fragt sie nach: „Und was für Informationen sollen das sein?"

„Gleich. Aber zuvor der Hinweis, dass ich Erzählungen ebenso hasse wie Katzen."

„Was soll das denn jetzt? Eben habe ich begonnen, Sie mühsam zu verstehen. Und jetzt sowas." Sie steht auf. „Außerdem: Was haben Sie denn gegen Katzen? Die können doch sehr lieb sein."

Er bittet sie, sich wieder zu setzen, was sie verweigert, und erklärt dann: „Lieb, Leib, Beil", seine Stimme kratzt. Sofort variiert er: „Entschuldigung. Das ist eine blöde philosophische Problematik. Hat nichts mit uns zu tun. Bitte glauben Sie mir. Und", er verändert seine Haltung, „das hat nichts unmittelbar mit der Sache zu tun."

Sie steht immer noch und tendiert sogar dazu, wegzugehen.

„Bitte", er erhebt sich ebenfalls und tut einen Schritt

auf sie zu: „Tut mir leid. Wenn Sie sich wieder hinsetzen, erläutere ich das. Ja?"

„Na gut. Aber ich habe nicht mehr viel Zeit. Irgendwann kommt mein Chef, und ich kriege ein Problem."

Erneut rattern einige Mannschaftswagen der Polizei mitsamt zwei Sanitätswagen die Hardenbergstraße runter. In dieselbe Richtung. Und wieder Blaulicht, keine Sirenen.

„Es geht nur noch um Zustände." Er grummelt das für sich dahin.

„Unsinn! Ich kriege gleich Zustände." Sie flippt halbwegs aus.

„Nein, nein. Quanten. Das ist die alte Frage, ob ein Film aus einzelnen Bildern besteht oder einen Prozess darstellt." Schon wieder doziert er: „Unter der begründeten Annahme, dass einzelne Bilder jeweils in sich geschlossene Artefakte abbilden. Während Prozesse eine Kontinuität imaginieren."

„Sie spinnen doch."

„Tue ich überhaupt nicht. Und ich nehme Sie ernst. Und rede deshalb über wirkliche Probleme. Eben nicht über Katzen."

Sie springt auf, wirft den Stuhl um, auf dem sie gesessen hat: „Jetzt reicht's. Sie sind wirklich bescheuert."

Den Stuhl hebt sie nicht auf, wendet ihm den Rücken zu und rennt davon. Zu der ominösen Tür, hinter der sie verschwindet.

„Mist!" Er betrachtet diesen Vorgang offenbar fassungslos.

Wenig später sucht er sein Telefon, findet es und – so seine kurzen Äußerungen – bestellt ein Taxi.

## Tatort

Spannend, was derzeit international, national und lokal an diesem Tag in den Medien los ist.

Der Tod von Schrödinger ist kein Thema. Nirgends. Weder im Radio noch in den Zeitungen oder im Fernsehen; und auch fast nicht in den Sozialen Medien. Lediglich ein Blog berichtet kurz über dieses Ereignis und zitiert dafür überraschenderweise den psychoanalytischen Theoretiker Peter Brückner mit dem Satz: „Der Stoffwechsel mit der Natur endet unausweichlich tödlich". Und fügt das Anagramm hinzu: „Natur raunt Unrat". Nimmt jedoch kaum jemand zur Kenntnis.

Das Verschwinden von Gabriel wird im Netz und von privaten Fernsehsendern sehr spekulativ und eifrig dargestellt. „Einhundertfünfzig Meter die Treppe hoch zum Paradies: da dient nun der Verschollene", lautet beispielsweise eine Mutmaßung. Viele andere nehmen an, Gabriel sei einfach in Hannover untergetaucht. Wegen irgendeiner Affäre. Über die man bald recherchieren würde: „Weitere Informationen in Kürze".

Andere spekulieren, Angela habe ihn erledigt, und er sei deshalb stiften gegangen. Man habe Reporter darauf angesetzt.

Von Hagenbecks Tierpark nirgends die Rede.

Umso mehr hört und liest man überall von den Mulis. Internationale Fernsehsender veröffentlichen schreckliche Fotos und sogar einige Filme über Tausende von toten Maultieren und Mauleseln. Grässlich, erschütternd, aber jeweils als Sensation zugerichtet.

Dazu Bilder der Zerstörungen in der Kantstraße und an anderen Orten in Berlin. In der Masse verdichten sich diese Bilder zur Gleichgültigkeit. Das Entsetzen verbarrikadiert sich in bunten Elegien, die lediglich in der Gegend herumfliegen.

Sogar CNN und BBC World mischen sich ein. CNN bietet eine Bilderserie von dem Mann, der in der Kantstraße auf einem Balkon stand, sich gemeinsam mit den Mulis auf der Straße möglichst attraktiv zu fotografieren suchte und dabei auf die Straße stürzte und verstarb. CNN befragt dazu andere Leute aus dem Haus, was das denn für ein Mann gewesen sei und wie sehr diese dessen Tod berühre. Alle Befragten äußern ihre tiefe Betroffenheit und Bestürztheit. Außerdem wird gezeigt, wie die ersten jetzt Blumen an der Haustür niederlegen, vor der jener Mann so endgültig auf dem Fußweg sein Leben nach dem Sturz aushauchte.

Das passt sehr gut zu einigen Reportagen von RTL, in denen ganz viele Leute mit der Frage konfrontiert werden, wie bestürzt sie über die Berliner Vorgänge seien. Überall tiefe Betroffenheit.

BBC World hingegen zeigt neben ebenfalls etlichen Bildern der Katastrophe eine Dokumentation über Mulis. Darin werden auch Züchter vorgestellt, die Mulis produzieren. Entweder Pferdehengste mit Eselstuten oder Eselshengste mit Pferdestuten kreuzen.

Sehr anmutig, diese kleinen Fohlen auf dem Monitor wahrzunehmen. Wie hübsch die dreinschauen, und wie artig die sich bewegen. Das Kindchen-Schema funktioniert sofort. Man schließt sie gleich ins Herz.

Allerdings erschüttern die Aussagen der Züchter hurtig jede emotionale Begeisterung. Denn die plaudern ausschließlich über die geschäftliche Relevanz solcher Züchtungen. Äußerst ergiebig. Auch wenn, das wird klargestellt, die Mulis sich selber untereinander nicht weiter vermehren können. „Das wird durchaus profitabel durch deren einzigartige Stärke ausgeglichen. Die sind so kräftig und schaffen so viel, dass der Rest egal ist." So ein Züchter aus Spanien. Angereichert wird der Bericht durch Zahlenwerke und Statistiken, die solche Effizienz belegen.

Doch, das wirkt überzeugend und schafft Beruhigung. Zumal dann, wenn man die Mulis auf der grünen Wiese zeigt, wie sie dort herumtoben. Rennen, sich kugeln, sich gelegentlich aneinander reiben.

Die anderen Sender verlassen sich auf die Wucht ihrer blutigen Bilder. Dazu zerbrochenes Glas, das stets die menschlichen Gemüter berührt, gewissermaßen Unglück dokumentiert. Wenn dann noch kaputte Autos hinzukommen, ordnet sich die Stimmungslage der Bevölkerung sofort. Selbst in Berlin.

Etwas schwieriger gestaltet sich das für den Hörfunk. Dort kann man keine schrecklichen Bilder vorstellen. Muss also die schrecklichen Situationen immer wieder erzählen. So feiern Narrative wahre Orgien. Tief betroffen berichten Reporterinnen und Reporter wieder und wieder über das, was sie am gestrigen Tag erleben mussten.

Dazu immer neue Interviews mit Leuten, die endlich einmal so richtig dramatisch reden dürfen. Leidenschaftlich im wahrsten Sinne des Wortes.

Das Elend, über das erzählt wird, betrifft stets die kaputten Autos und die kaputten Fahrräder, zerbrochene Fensterscheiben und die armen Leute, die vor den Mulis wegrennen mussten oder verletzt wurden. Das schafft Mitleid. Nicht mit den Mulis, sondern mit den Leuten.

Nur ein lokaler Radiosender gibt sich die Mühe, wenigstens danach zu forschen, was dort aus welchen Gründen passiert sein könnte. In diesem Sender werden einige Zoologen nach den möglichen Problemen im langfristigen Leben von Maultieren und Mauleseln befragt. Allerdings verlaufen sich diese Wissenschaftler allesamt in allgemein akademischen Auslassungen wie: „Maultiere und Maulesel sind sehr wichtige Tiere. Vor allem im Süden des Kontinents werden sie dringend gebraucht. Man kann gar nicht auf sie verzichten."

Auf die Nachfrage nach eventuellen Problemen kommt lediglich die standardisierte Antwort: „Gewiss. Das ist nicht unproblematisch und sicherlich auch nicht einfach natürlich. Gleichwohl ist das Teil der Zivilisation, Tiere, insbesondere Nutztiere, korrekt zu züchten, zur Arbeit anzuleiten und dafür Sorge zu tragen, dass solche Arbeit angemessen erledigt wird."

Bei einer solchen Sendung im Hörfunk geschieht, dass sich eine offensichtlich freie Mitarbeiterin bei einem Interview traut oder es ihr widerfährt, die offiziell wohl unangemessene oder zumindest unakademische Frage zu stellen: „Ist das nicht ein sehr trauriges Leben der Mulis? So, wie Sie als Zoologe darüber erzählen, geraten die den Menschen doch zu bloßen Instrumenten. Zu Maschinen".

Die Reaktion auf diese Frage verrennt sich in heftigem Widerspruch: „Wovon reden Sie? Wollen Sie mir jetzt wirklich mit solch einer absurden Moralität kommen? Sie haben mich nicht verstanden. Mulis sind Automaten. Von uns konstruiert. Finden Sie sich damit ab. Moral funktioniert nicht an dieser Stelle."

Seltsamerweise traut sich jene Autorin dennoch nachzufragen: „Zugegeben, das sind – wie Sie formulieren – nur Tiere. Aber muss man das nicht", jener Autorin verschlägt es fast die Stimme, „muss man das nicht auch sozial analysieren? Meinetwegen metaphorisch?"

Der Zoologe reagiert empört: „Reden Sie doch keinen Unsinn. Sie würden Ihre Hörer auf eine völlig falsche Fährte setzen. Mulis sind Mulis. Sonst nichts."

Als die Autorin an dieser Stelle noch einmal nachfragt: „So reden Sie dann sicherlich auch über Ihre Studierenden, nehme ich an", bricht der Wissenschaftler das Gespräch wortlos ab. – Hoffentlich nicht der letzte Auftrag für diese Journalistin.

In einem anderen Sender fantasiert ein Ethnologe

darüber, dass die Maultiere für den Westen der USA viel wichtiger gewesen seien als die Siedler und die Cowboys. „Außerdem friedlicher", fügt er hinzu.

Danach auf derselben Frequenz eine Familien-Psychologin, die sich zwar deutlich davon distanziert, tierische Probleme mit denen von Menschen zu verwechseln, gleichwohl ausführlich die möglichen sexuellen Schwierigkeiten der Mulis erörtert. Etwa in dieser Formulierung: „Nun stellen Sie sich mal vor, sehr geehrte Hörerinnen und Hörer, Sie hätten zwar intensives sexuelles Verlangen, wüssten jedoch jederzeit, dass das nicht fruchtbar ist. Gut, Sie brauchen dann keine Kondome. Sexuelle Freiheit." Nachdenklich schiebt sie hinterher: „Aber hinterrücks legitimieren sich sexuelle Wünsche oft doch noch durch die Möglichkeit, ein Kind zu produzieren. Außerdem bestehen immer noch etliche Religionen auf diesem Anspruch." Zusammengefasst schwankt sie zwischen einer gewissen Bewunderung gegenüber der Ergebnislosigkeit sexueller Aktionen von Mulis und dem Wissen darum, dass die Unfähigkeit zur Zeugung viele Menschen frustrieren würde. Unklar, wie das gelöst werden soll.

Danach, dieser Sender hat die Frage nach den Mulis offensichtlich zu seinem Tagesthema auserkoren, tritt ein Kulturwissenschaftler auf, der über, wie er es nennt, Biopolitik theoretisiert. Nämlich darüber, dass derzeit in den entwickelten Gesellschaften ständig über Gesundheit und natürliche Veranlagungen gerätselt und damit jegliche körperliche Einschränkung als persönliches Problem beschrieben würde. Dabei seien das alles soziale Phänomene.

Als der Moderator später dem Grundgedanken dieser Ausführungen zwar zustimmt, aber auch fragt, was denn das mit den Mulis zu tun habe und über deren Verhalten erläutere, ist der Kulturtheoretiker etwas sprachlos. Augenscheinlich auf diese Frage nicht vorbereitet, benötigt er einige Sekunden für seine Antwort: „Ja, das ist schwierig, und jede einfache Antwort wäre dumm. Doch wir sollten sogar die Mulis als Lebewesen betrachten. Und Lebewesen pflegen wir Menschen in den entwickelten Gesellschaften ähnliche biotopische Verhaltensweisen zu unterstellen wie uns selber. Deshalb treffen meine Erwägungen zweifellos auch gerade diese gezüchteten Tiere."

Nach einer kurzen Pause fällt dem Mann noch etwas ein: „Das ist wichtig. Gerade weil sie von den Menschen so gezüchtet werden, repräsentieren die Mulis manche Projektionen unseres eigenen Daseins." Zwangsläufig mit sich selbst zufrieden, beendet er das Gespräch mit einem Dank an die Zuhörerinnen und Zuhörer.

Was den Moderator der Sendung anscheinend irritiert, hatte er doch wahrscheinlich solchen Dank seinerseits vorgesehen.

Politiker kommen in anderen Sendern zu Wort, haben allerdings wenig Neues beizutragen. Bei denen blubbern die üblichen Allgemeinplätze tiefer Betroffenheit mitsamt dem jeweils mutigen Hinweis darauf, so etwas würde niemals mehr geschehen und man würde selbstverständlich die Ursachen in einem besonderen Ausschuss untersuchen lassen.

Ganz seltsam oder aberwitzig publiziert ein anderer Sender zwei Gedichte eines bekannten Schriftstellers, der zuerst das eine Poem mit tragischer Stimme selber vorträgt:

„Reit-Tier
Er ritt im Mai
Am Tage lauter Raum.
Rate Traum,
Arme Tram.
Raute Emu treu,

Laue Maut."

Anschließend ein tiefer Seufzer, und nun halbwegs gesungen:

„Salem, Ulla,

Laue Muse am See.

Laus.

Saumseel, Sau,

Um Saeule, aus."

Kein Seufzer mehr, dafür Beethoven.

Plötzlich taucht in allen deutschsprachigen TV-Sendern und weitläufig im Internet die hysterisch grelle Unterzeile auf den Monitoren auf: „Polizei jagt die letzten Maultiere und versichert, das Problem sei sehr bald erledigt."

## Endspiel

Das Taxi hält, wie von ihm erbeten, am Steinplatz.

Er geht schnell zu den Wagen, steigt erneut hinten rechts ein, schließt die Tür und teilt dem Fahrer mit: „Zum Tiergarten. Ecke Straße des 17. Juni".

Der Fahrer dreht sich zu ihm um: „Geht nicht. Die Straße ist ab der Siegessäule gesperrt."

„Warum das denn?"

„Wissen wir nicht. Scheint irgendetwas los zu sein." Seine Augen blitzen: „Wahrscheinlich Terroristen oder so. Man kann ja nie wissen."

„Keine Chance, irgendeine Nebenstraße zu nehmen?"

„Nee. Wirklich alles abgesperrt. Überall und sehr massiv."

Er überlegt, ob er wieder aussteigen soll. Greift schon zum Türgriff.

Aber er entscheidet sich anders und ruft dem Fahrer zu: „Dann fahren Sie mich bis zur Siegessäule. Ich gehe dann zu Fuß weiter."

„Sind Sie sicher?" Der Fahrer schaut ihn etwas zweifeld an: „Ich würde das nicht tun. Viel zu gefährlich."

Als sein Fahrgast keine Anstalten macht, den Wagen zu verlassen, legt der Mann am Steuer nach: „Außerdem lohnt sich das nicht für mich. Sorry. Das bringt nichts."

„Keine Sorge. Ich gebe Ihnen zwanzig Euro. Und Sie müssen den Taxameter gar nicht erst anschalten. Fahren Sie einfach los."

„Auf Ihre eigene Gefahr. Ich habe Sie gewarnt und will da nicht reingezogen werden." Der Fahrer wendet sich zum Lenkrad und gibt Gas.

Links in die Hardenbergstraße, auf der trotz des eigentlich jetzt anstehenden Berufsverkehrs nahezu kein Automobil zu sehen ist.

Am Kreisel Ernst Reuter Platz, der auch völlig leer ist, nach rechts.

Dort stehen zwei Polizeiautos mit Blaulicht, doch die hindern niemanden daran, auf die Straße des 17. Juni einzubiegen. Ebenfalls nicht die zwei anderen Fahrzeuge, die sich in diese Richtung bewegen.

Die Sonne steht jetzt schon tiefer. An und für sich ergreift allmählich die Dämmerung den Tag. Langsamer Sonnenuntergang. Doch den hätte man sich romantischer vorstellen können. Obwohl die Allee gerade in diesem Licht recht prachtvoll scheint.

Er kauert sich auf die Rückbank und wirkt verdrießlich. Doch ebenso entschlossen.

Tatsächlich blockieren sehr viele offizielle Fahrzeuge mit Blaulicht und dazu bestimmt zwei Hundertschaften Polizei nun die Straße.

Dadurch verschwindet der rötliche Rest der Sonne in einem komplett blauen Geschrei der Polizei. Die Lichter auf diesen Autos tauchen die Welt in eine Eiseskälte. Gewiss beabsichtigt.

Der Fahrer stoppt das Taxi und wendet sich zu ihm.

Er überreicht den versprochenen Schein, rappelt sich

aus der etwas weichen Rückbank heraus, öffnet die Tür, berührt mit dem rechten Fuß das Pflaster und windet den restlichen Körper aus dem Taxi.

Das wendet und verlässt hurtig diese verschwommene Gegend.

Klar, er muss sich erst einmal orientieren. Die Situation verstehen.

Unübersichtlich. Sehr martialisch.

Von Osten her streift die Dämmerung über die Stadt. Sehr langsam.

Er steht völlig allein auf dieser Seite der Straße. Niemand sonst. Recht auffällig.

Ihm gegenüber der Kordon von Polizei-Fahrzeugen und offenkundig auch einigen des Militärs. Davor eng nebeneinander Bewaffnete. Jeweils mit einem Helm über dem Kopf, der die Haare und die Ohren und einen Teil der Stirn verdeckt. Auf der Brust – die Rücken kann er nicht einsehen – tragen alle ein sehr stabil aussehendes Kleidungsstück. Gewiss der vordere Teil einer schusssicheren Weste. Der Rest steckt in einer Uniform, demgemäß bei allen gleich.

Ihn verwirrt aber zutiefst, dass alle diese Figuren, die einfach so betrachtet auch einem Computerspiel entsprungen sein könnten, vor ihren Brüsten immer mit beiden Händen Gewehre oder sogar Maschinenpistolen halten. Ganz fest. Stets die rechte Hand etwas weiter unten am Schaft der Waffe und die linke Hand weiter oben an deren Lauf.

„Klar", leise erklärt er sich das selber: „Das ergibt für uns, die wir die Bewaffneten so von vorne sehen, immer das Bild einer aufsteigenden Linie. Also Fortschritt. Sieg."

Beeindruckt von so viel geometrischer Präzision kann er seine Augen kaum abwenden und murmelt weiter für sich dahin: „Alte militärische Gewissheit. Das wussten schon die Nazis, als sie nach der Niederlage der Wehrmacht in der Sowjetunion der Wochenschau verordneten, diese Wehrmacht noch auf der Flucht auf dem Weg von links nach rechts zu zeigen. Weil sich so Sieger bewegen." Er verharrt noch auf seiner Seite und gibt sich merkwürdig viel Mühe, jetzt gewissermaßen gelassen eine Melodie zu pfeifen.

Irgendetwas Unverfängliches. Das den Eindruck bei den Bewaffneten erwecken könnte, er sei nur ein fröhlicher Spaziergänger. Die, so hatte er gerüchtweise vernommen, flöten ständig, wenn sie grüne Farben sehen.

Doch, so wild er sich auch anstrengt, seine Lippen schaffen es nicht, sich vor den Zähnen so eigenwillig zu verformen und zusammen zu quetschen, dass sie auch nur einen Ton produzierten. Das Flöten bleibt im Konjunktiv. Nichts zu machen.

Etwas verzweifelt sucht er daraufhin, ein möglichst dummes oder wenigstens naives Gesicht in seine Mimik zu schneiden. Die Stirn glätten, die Augenbrauen leicht nach oben ziehen, die Wangen ein bisschen aufpusten, den Mund für ein verstörtes Lächeln leicht öffnen. Mehr kann man nicht tun. Die Nase könnte man rümpfen, doch das ginge schief. Und mit den Ohren zu schlackern, ist ohnehin bloß Fiktion. Nicht einmal Marionetten können das. Oder bestenfalls diese von vorne nach hinten und von hinten nach vorne klappen. Was im hier vorliegenden Fall völlig unsinnig wäre.

Mit diesem neuen Gesicht, das zumindest in seiner Einbildung existiert, und in leicht gebückter Haltung überquert er in der Manier totaler Naivität die Straße und steuert auf einen der Bewaffneten zu.

Gut, er stolpert leichtsinnig über die Bordsteinkante, nimmt dies jedoch vorübergehend als gutes Zeichen, seine Unbefangenheit gegenüber jener vor ihm aufgebauten Macht zu demonstrieren.

Er hat sich auf diesem kurzen Weg über die Straße einen bewaffneten Polizisten auserkoren, dessen Haltung nicht ganz so gewalttätig dreinschaut. Der etwas jünger aussieht.

Ein Meter noch etwa. Der gegenüber starrt ihn an. Unentwegt. Womöglich schon seit einiger Zeit. Dessen Augenlider zucken mehr als unmerklich.

Er unterbricht seine Schritte, bleibt stehen, senkt mit dem Ausdruck höflicher Distanz seinen Blick und fragt: „Was ist hier los?"

Die Antwort kommt nicht mit einer heiseren Stimme, vielmehr fast wohltönend und dennoch äußerst barsch „Hauen Sie sofort ab. Sie haben hier nichts zu suchen. Weg!"

Er nimmt sich einen halben Schritt zurück: „Aber ich frage doch ganz höflich. Möchte nur wissen, was los ist. Denn ich wollte hier spazieren gehen. Nichts anderes."

Der Typ ihm gegenüber reckt sich, wird ganz steif und deutet lediglich mit seinen Händen an, dass er bewaffnet sei: „Verschwinden Sie. Weg!" Die Stimme gewinnt die Attitüde eines Automaten.

„Aber ich bitte Sie. Ich bin doch höflich und möchte nur spazieren gehen. Da können Sie mir doch erklären, warum hier abgesperrt ist."

Klar, Nähe ist immer gefährlich. Hatte einst Ingeborg Bachmann doch schon geschrieben: „Abstand. Oder ich morde."

Sein Gegenüber schweigt. Doch aus seinen Augenwinkeln heraus erkennt er, was er befürchtet hatte: Seine Person ist auffällig geworden und deshalb offensichtlich Gegenstand von Gesprächen einiger anderer Bewaffneter untereinander. Einige davon tragen, wenn auch ziemlich verdeckt, kleine Mikrofone vor ihren Mündern und quasseln da irgendetwas hinein.

Noch ein Versuch von ihm: „Bitte. Wenn ich Sie störe,

dann kann ich mich ja an jemand anderen wenden. Ich bin doch harmlos."

Er erschrickt selber über diesen letzten Satz von ihm. So etwas sagt man nicht, wenn man harmlos ist.

Just in diesem Moment ertönt eine nun wirklich heisere Stimme direkt hinter ihm: „Was soll das? Sie haben hier nichts zu suchen. Verschwinden Sie."

Er dreht sich fast provokativ langsam um und sieht vor sich einen Mann in Uniform. Mit Schirmmütze statt Helm, außerdem ein wenig schillernder gewandet. Größer als er. Mit einem sehr kantigen Gesicht und darin scharfen Zügen.

„Verzeihung", er bemüht sich, weiterhin zufällig zu wirken, „ich möchte doch nur spazieren gehen und habe freundlich gefragt, warum alles abgesperrt ist."

„Das geht Sie überhaupt nichts an." Der Uniformierte bugsiert ihn etwas zurück in die Nähe der Straße. Weg von dem Bewaffneten.

„Bitte fassen Sie mich nicht an. Dazu haben Sie kein Recht. Ich bin hier nur ein harmloser Passant."

„Benehmen Sie sich nicht wie ein Lurch. Das wirkt albern." Der Uniformierte schüttelt den Kopf auf dem sehnigen Hals und schubst ihn. Mit der linken Hand gegen seine linke Schulter.

„Was soll das? Ich habe doch nichts getan. Man wird doch noch hier herumgehen dürfen."

„Haben Sie kein Radio gehört oder die Nachrichten im Fernsehen verfolgt? Das sollte man tun." Wieder ein Schubs.

„Um Himmels willen: Nein. Ich bin Gast in Berlin und habe gerade noch Zeit, bevor mein Flieger geht. Die Zeit wollte ich nutzen, im Tiergarten spazieren zu gehen. Das haben mir alle Freunde geraten."

Die Situation ist für ihn sehr unübersichtlich geworden. Zumal er nicht mehr sehen kann, was die Bewaffneten in seinem Rücken tun. Von dort hört er lediglich, dass diese sich etwas bewegen.

„Verschwinden Sie! Auf der Stelle. Sonst verliere ich die Geduld."

„Entschuldigung. Aber wie reden Sie mit mir. Das tut man nicht. Nicht mal in Uniform."

Der Uniformierte stößt ihn jetzt heftig gegen die Brust. So heftig, dass er über seine Beine stolpert und stürzt. Nicht wirklich schlimm, aber immerhin schmerzt das so, dass er beschließt, vorübergehend auf dem Boden sitzen zu bleiben.

„Jetzt reicht's. Ausweis. Personalausweis. Sofort. Und", der Mann in Uniform grinst, „ganz langsam bewegen. Sonst knallt's."

„Habe ich nicht bei mir. Liegt im Hotel."

„Schlecht, ohne Ausweis herumzurennen. Sie haben die Pflicht, sich ständig auszuweisen. Sonst muss ich Sie festnehmen."

Er sitzt weiterhin auf dem Fußweg: „Kennen Sie das kleine Drama von Kurt Schwitters? Das geht so: Ein Polizist sagt: Sie sind verhaftet. Der Mann antwortet: Nein. Der Polizist: Ich werde Sie festnehmen. Der Mann: Nein."

„Sie sind aus der Psychiatrie weggelaufen. Ich verstehe. Also rufe ich den Rettungsdienst, Sie zurückzubringen."

„Na los." Er streckt die Arme nach vorne aus, als warte er darauf, dass diese mit Handschellen gefesselt würden.

In diesem Moment erhebt sich Getöse und wird über diverse Lautsprecher und Megaphone lauthals verkündet: „Wir rücken ab. Alles erledigt. Situation bereinigt. Abrücken!"

Das wiederholt sich einige Male und wird schließlich ergänzt durch die Ansage: „Zwanzig Mann bleiben hier. Aufräumen. Sind schon festgelegt. Der Rest rückt sofort ab. Sofort in die Mannschaftswagen."

Allgemeine Unordnung, eilig rennen die Bewaffneten hin und her. In einigen der Fahrzeuge werden schon die Motoren gestartet.

Der Uniformierte mit dem hageren Gesicht ist verschwunden. Spurlos. Ohne weitere Wörter. Ganz plötzlich. Zum Glück für ihn.

## Verwandlung

Alles geht ganz schnell. Binnen etwa einer Viertelstunde setzen sich die Fahrzeuge voll besetzt in Bewegung Richtung Westen. In geschlossener Reihe. Lediglich ganz am Ende rechts bleiben zwei kleinere Mannschaftswagen der Polizei stehen. Das sind sicherlich jene zwanzig Männer, die aufräumen sollen.

Der Weg ist jetzt frei für ihn. Niemand behindert seinen Weg.

Er rappelt sich auf, stöhnt dabei leichtsinnig und wischt sich mit beiden Händen über sein Hinterteil, dort gegebenenfalls Staub oder Dreck zu entfernen.

Freier Blick auf den Tiergarten. Sicher, in irgendeinem Roman würde jetzt zu lesen sein, die Situation sei gespenstisch. Ebenso einleuchtend wie albern. Dabei entrückt das Zwielicht die gesamte Aussicht, verschwimmen die Konturen und hat sich das Grün der Bäume und Büsche schon halbwegs in ein etwas trostloses Grau gewandelt. Nicht sehr einladend. Einige Vögel zwitschern, den Tag zu verabschieden.

Er nimmt sie wahr, kann sie nicht identifizieren. Bloß den merkwürdigen Geruch. Eine drängende Mischung aus Abgasen und dem moosigen Duft des Abendwaldes.

Der Wald sei Text, schrieb Walter Benjamin einmal.

Gleichwohl macht er sich jetzt auf zu diesen Pfaden.

Er läuft die Straße hinunter. Parallel zur Natur.

Na gut, in Wirklichkeit geht er lediglich so schnell, wie

er nach dem Sturz kann. Allein auf dem Weg.

Noch scheint alles in irgendeiner Entfernung doch noch abgesperrt. Zumindest kein Auto auf dieser Strecke.

Langsam überwiegt der Geruch des Waldes. Oder sollte man „Duft" schreiben? Er ist sich unsicher.

Dazu reizen die Vögel, die nicht aufhören, ihren anstehenden Schlaf laut mitzuteilen.

Hell genug ist es noch, dass er nicht nur seinen Weg problemlos findet, sondern ebenfalls in die Natur hineinschauen kann. Das ist wichtig, denn er muss noch etwas wahrnehmen können inmitten der Natur. Oder ist Natur doch Unrat? Ratlos?

Zugegeben, eigentlich erwartet er, dass jetzt ein Vorhang fällt. Das Stück zu beenden. Schlussakkord. Finale. Applaus, Verbeugungen, Licht abschalten.

Stattdessen spürt er die Steine unter seinen Füßen, die Luft, die um seine Ohren weht, und er riecht die Dämmerung und hört den Gesang.

Endlich öffnet sich rechts von ihm so etwas wie ein Weg. Vielleicht nur eine Schneise.

Augenblicklich schwenkt er nach rechts ab. Verlangsamt den Schritt beträchtlich.

Noch dunkler ist es hier. Schwierig, sich an den Ästen der Bäume und am Laub der Büsche vorbei zu schmiegen.

Ein Ast trifft sein Kinn, Wurzeln auf dem Boden flechten sich um seine Füße. Dennoch keine Hindernisse mehr für ihn, der nach vorne stürmen will. Er stolpert darüber hinweg, nimmt die Hände in die Höhe seines Kopfes, um diesen zu schützen.

Nur hat er keine Ahnung, wohin er laufen soll. Wo er wen noch finden könnte. Das ist völlig unklar. Unschärfe als Leitmotiv. Wo soll das hinführen?

Er gibt nicht auf, rennt weiter, schlängelt sich auf dem

gewundenen Weg durch das Gehölz. Ohne Unterlass. Und ohne jede Sicherheit.

Rechts, dann leicht links, erneut, jedoch nicht zu heftig, nach rechts. Es könnte auch sein, dass er im Kreis herumtaumelt.

Er blickt nach oben, sucht im Himmel eine Orientierung. Die nicht vorhanden ist.

Zwar keine Wolken, doch der Himmel spricht nicht. Bezeugt keine Orientierung.

Plötzlich assoziiert er, wie in Flugzeugen arabischer Fluggesellschaften auf den Monitoren stets die Richtung nach Mekka angegeben wird. Das würde ihm jetzt helfen. Vielleicht. Auf keinen Fall aber irgendeines jener Geräte, die durch das Straßengewirr von Städten lotsen.

Es gibt keinen vorgeschriebenen Weg. Keinesfalls. Also Zufall? Dagegen polemisierte Albert Einstein mit dem Satz: „Gott würfelt nicht".

Komisch. Hat der an Gott geglaubt? Oder das nur wegen vermeintlicher Originalität so formuliert. Während der doch lediglich gegen den Zufall argumentieren wollte.

Wer weiß.

Derzeit wird er bloß konfrontiert mit der unbeschreiblichen Natur. Alles durcheinander. Keine Ordnung.

Und die Mulis?

Das Unterholz entpuppt sich als Falle. Wurzeln winden sich weiterhin um seine Füße und versuchen, diese zu umschließen. Glitschige Passagen motivieren seine Schuhe, so auszurutschen, dass seine Beine grätschen und ihm dies heftige Schmerzen zufügt.

Äste knallen in seinen Magen, andere um seinen Kopf herum.

Kein Kino. Sonst wäre alles beleuchtet und täte bloß so, als ob es hier unten mitten zwischen den Pflanzen dunkel sei. Mittlerweile ist es nahezu dunkel. Er sieht nichts mehr.

Vorsichtig hebt er seinen Kopf, Blick nach oben durch das Gewirr der Natur hindurch. Eine ganz andere Wirklichkeit. Der Himmel ist immer noch halbwegs blau, vermischt mit einem rötlichen Ton. Noch ist der Tag nicht am Ende.

Außerdem zwitschern immer noch die Vögel. Irgendwo in den Bäumen oder über diesen.

Er strengt sich zeitweilig sogar an, zwischen den Melodien der Vögel zu unterscheiden und sich vielleicht zu erinnern, welcher Vogel welche Töne von sich gibt.

Klappt jedoch nicht. Die Sensationen der Oberflächen hindern ihn daran, schlagen ihn, lassen ihn schier verzweifelt auf dem unscharfen Boden weiterlaufen.

Zuvor hatte er immer von der Vorstellung gelebt, der Tiergarten in Berlin sei eine zivilisierte Angelegenheit, wohl geordnet. Eben alles gestaltet. Von denen, die einst solche Gärten anlegten. Als substantieller Teil urbaner Kultur.

Doch die Natur entwickelt immer ihren eigenen Unrat, setzt sich langfristig gegen jede Gestaltung durch. Nur von oben, vom Flugzeug aus zum Beispiel, scheint das geordnet. Oder ordentlich.

Hier unten herrscht Chaos, ist alles völlig unübersichtlich, findet er sich nicht zurecht. Verliert sich selber.

Totale Verunsicherung breitet sich aus, er überlegt, einfach abzubrechen. Sich hinzusetzen auf diesen nassen und von kleinen Lebewesen überwucherten Boden.

Nein, dann kämen die Ratten und die Ameisen und anderes Getier. Käfer, Wanzen, Würmer und so. Wurmlöcher überall. Auch in seinem Kopf.

Er spürt jetzt selber nicht mehr, was er hier in diesem Gewirr sucht. Weiß nicht einmal mehr, ob die Pflanzen oder er selber und seine Motive zum Problem geworden sind. Alles ist völlig unklar, nichts mehr geregelt.

Aber das ist doch gerade das, was er theoretisch immer gepriesen hatte. Endlich jede Ordnung radikal zu kritisieren. Und nun lief er hier herum. Fassungslos.

Ja, es gibt kein Ende. Von nichts. Alles löst sich als Anfang erneut auf. Nur im Theater, in der Oper, im Film oder in Büchern wird man stets mit einem Ende konfrontiert. Das offen sein kann, aber für alle einen Schluss anbieten muss.

Der Rest lebt irgendwie weiter. Als Bakterie, als irgendein Material. Notfalls unsichtbar als Energie.

Nein, nicht als die Energie, die man aufbringen muss, in diesem Geflecht im Gehölz des Tiergartens einen Durchbruch zu finden. Quatsch. Energie ist doch nicht an Körper gebunden. Sie rast einfach durch den Weltraum, verankert sich zwischendurch irgendwo und schießt dann erneut in eine Freiheit.

Das hätte ihn trösten können. Zu wissen, dass es stets weitergeht, kein Ende in Sicht ist. Aber er sucht das Ende. Das gehört ihm.

So verharrt er für einige Augenblicke. Steht ganz still. Blickt sich um. Nicht länger nur nach oben, Hoffnung zu schöpfen durch den Blick in den Himmel.

Langsam, er atmet heftig, finden sich seine Augen in dem Durcheinander zurecht. Sortieren die Pflanzen, verstehen allmählich, wie sie hintereinander sich aufrichten oder sich krümmen.

Staunend sortiert er die Natur, wird sich seiner selbst wieder gewiss. Keine flüchtigen Gedanken, stattdessen Konzentration.

Fast zwangsläufig führt dies dazu, dass er tatsächlich in der Nähe eine Lichtung entdeckt. Da schafft die Restsonne, sich durchzusetzen und eine offenkundig reine Rasenfläche inmitten der Verwirkung anzustrahlen.

Ganz hell, pures Licht mit lediglich langen Schatten der umstehenden Bäume.

Also doch Kino. Das Licht im Dunkel. Alles künstlich. Anders nicht vorstellbar.

Zwangsläufig stürmt er mit aller Macht zu der Lichtung, reißt dabei Blätter und sogar einige Äste von den Bäumen um ihn herum aus, negiert die Wurzeln. Wie im Traum ist plötzlich alles möglich, fegt er durchs Gebüsch. Mit einem klaren Ziel vor Augen. Wieder eindeutig, aufgeladen mit Orientierung.

Kurz vor den letzten wenigen Pflanzen, die ihn noch von der Lichtung trennen, erstarrt er kurz. Um sogleich noch schneller der Lichtung entgegen zu hasten.

Mitten auf der Lichtung, wirklich im Zentrum, steht ein Muli. Einer. Oder eines.

Er ist noch nicht einmal überrascht. Vielmehr fühlt er sich bei diesem Anblick nur bestätigt. Wusste er doch die ganze Zeit über in diesem Wald, warum er sich der schrecklichen Mühe übereignet hatte. Etwas in ihm hatte ihn gedrängt. Eine Ahnung. Oder lediglich der erwartbare Schluss.

Warum sonst hätte er sich dieser Plage ausgesetzt haben sollen, wenn nicht in der klaren Erwartung, hier, an diesem Ort, noch etwas retten zu können. Nach all dem unübersichtlichen Gewusel, der Hektik, der Auseinandersetzung mit dem Tiergarten. Da musste schließlich eine Überraschung auftauchen, die für ihn letztlich keine ist.

Geradezu ohnmächtig stürzt er in die Mitte der Lichtung, ganz nahe an den oder das Muli heran.

Bis er recht theatralisch diesem Muli um den Hals fällt. Genauso, wie einst Friedrich Nietzsche in Turin ein Kutschpferd am Hals umarmte.

Aber diese pathetische Geste stabilisiert ihn, liefert ihm einen tiefen Sinn aller seiner Aktionen an diesen beiden Tagen.

Im Perspektivwechsel muss man zugeben, dass das Muli ziemlich erschrocken dreinschaut, einfach verwirrt mit dem Kopf zuckt. Man ahnt, dass es oder er die Situation nur mühsam begreifen kann.

Er umarmt immer noch. Sucht dabei Augenkontakt mit dem Tier.

Dies schließt seine Augen. Große Wimpern legen sich unter den Augen ab.

Ein barsches Gebrüll unterbricht diese Idylle rasch: „Hauen Sie ab, Sie Esel! Weg!"

Behutsam und recht langsam löst er seine Umarmung, überlegt kurz, woher die brüllende Stimme stammt, und wendet seinen Kopf.

Noch bevor er die Quelle jener Anordnung erblickt, gibt er zu bedenken: „Das ist kein Esel. Das ist ein Maultier oder ein Maulesel."

„Sie sind der Esel. Das blöde Tier werde ich doch nicht ansprechen."

Etwas erstaunt über den nun fast diskursiven Ton jener Stimme schaut er auf der Lichtung genau in die Richtung, von wo die Töne auf sein Ohr prallen.

Er sieht einen Mann. Zweifellos ein Mann. In einem Tarnanzug. Mit so seltsam gemischten Farben, die hinterhältig Natur imitieren sollen. Den Träger unsichtbar zu machen.

Das wirkt eher bizarr inmitten der Natur. Zumal das Gesicht jenes Mannes auch noch leicht bräunlich eingefärbt ist. Ein naturales Monster, umgeben von verwickelter, schlingernder, nämlich offiziell wirklich natürlicher Natur.

Er hätte gelacht und auf ein fröhliches Wiehern des Muli gewartet, hätte er nicht ein funkelndes und sehr phallisches Objekt in den beiden Händen jener Figur entdeckt. Groß, mächtig, furchterregend hält der Mann ein brutal männlich gestaltetes Schnellfeuergewehr vor seinem Körper.

Wirklich, mit dem Schaft genau zwischen seinen Beinen. Dabei mit der Mündung auf dieses Zentrum der Lichtung gerichtet.

„Verschwinden Sie! Sofort!"

Man kann sehen, dass er etwas erschrocken überlegen muss, bevor er antwortet: „Nein. Ich gehöre hierhin. Und hier bleibe ich."

„Blödsinn. Habe keine Zeit für Gerede. Hauen Sie ab! Sofort!"

„Was soll das? Sie brüllen allesamt stets die gleichen Wörter."

Sein Körper streckt sich, und er setzt fort: „Ich stehe hier einfach herum. Und Sie haben kein Recht, mit Ihrer Waffe herumzufuchteln. Hauen Sie ab. Und lassen Sie uns in Frieden."

Er scheint zu hoffen, deutlich oder markant gesprochen zu haben und so den anderen wenigstens zu verunsichern.

Der aber hebt sein Gewehr, zielt genau in die Mitte der Lichtung, wo die beiden sich befinden.

Kurze Pause. Noch braucht es etwas bis zum Ende.

Dann der mit dem Gewehr: „Hauen Sie ab. Schnellstens. Ich habe den Auftrag, das blöde Tier zu erledigen. Und das werde ich tun."

„Warum? Das ist doch überflüssig."

„Das Warum interessiert mich nicht. Aber das ist das letzte Tier dieser Art hier in Berlin, das wir noch nicht abgeschossen haben. Und nun ist Schluss."

„Ach, Sie wollen doch nur Feierabend haben. Gehen Sie nach Hause. Und lassen Sie uns in Ruhe. Das Tier hat Ihnen nichts getan. Ist harmlos. Sehen Sie doch."

Tatsächlich schmiegt sich das Muli vorsichtig an seinen Körper und bewegt sich ansonsten nicht.

„Egal, ich habe den Auftrag. Weg! Oder ich schieße."

Das uniformierte Monster schiebt sich etwas nach rechts, auf die schlechte Seite, und versucht, um ihn herum auf das Muli zu zielen.

Aber er bewegt sich mit. Bleibt möglichst genau zwischen dem Gewehr und dem Muli. Als Schutzschild, gewissermaßen.

„Ich warne Sie. Ich werde schießen. Egal, ob Sie sich dazwischen befinden. Also: Verschwinden Sie. Schnell!"

Man hätte spüren können, wie er all seinen Mut zusammenkramt oder einfach nur den Mutigen spielt. Oder schlicht den Verstand verloren hat. Auf jeden Fall bleibt er in der Schusslinie zwischen dem Gewehr und dem Muli.

Unklar, wie das oder der Muli sich dazu verhält. Man könnte gegebenenfalls annehmen, dass es oder er beginnt, sich um jenen Menschen zu sorgen, der versucht, ihn oder es zu beschützen.

Tatsächlich springt es (oder er) auf einmal mit allen vier Beinen in die Höhe und beginnt, entsetzte Schreie von sich zu geben.

Der Mann in dem Tarnanzug sieht seine Chance und schießt sofort. Vorsichtshalber dreimal.

Dabei hat der Schütze allerdings übersehen, wie geschickt sich das menschliche Schutzschild doch wieder zwischen das Gewehr und das Opfer, also genau in die Schussbahn, geworfen hat.

Es führt kein Weg an der Tatsache vorbei, dass zumindest einer der Schüsse ihn trifft. Und ein anderer das Muli. Nur, die Tragödie ist nicht aufhaltbar, hat ihn die Kugel – so nannte man das einst und wirkt es überzeugend – rechts in die Brust getroffen. Das Muli hingegen lediglich in den Oberschenkel des linken hinteren Beins.

Demgemäß schreit er auf und bricht stöhnend zusammen. Fällt auf den Rasen, krümmt sich, wird tonlos.

Das Muli bleibt still. Obwohl seine hinteren Beine einknicken. Knallrotes Blut spritzt durch sein Fell hindurch und platscht auf den Boden.

Der Schütze ruft irgendetwas, schnappt sich sein Gewehr, dreht sich blitzschnell um und saust davon. Offenbar in klarer Richtung und in der deutlichen Absicht, alles sofort zu ignorieren, was hier geschehen ist. Schlimmer noch, man muss sicherlich davon ausgehen, dass der irgendwo Bericht erstatten wird, er habe das schreckliche Tier ruhmreich erledigt.

Auf der Lichtung bleiben also zurück: das nun, nachdem es sich wieder erhoben hat, hinkende Muli und der in die Brust Getroffene. Rechts.

## Frühlings Erwachen

Ganz allmählich gerät die Lichtung zu einer Dunkelung.

Das Muli scheint das nun nur noch kümmerliche Rest-Sonnenlicht nutzen zu wollen, dreht ab in die Richtung, schleunigst verschwinden zu können. Funktioniert nicht gerade schnell. Hinken beschleunigt nicht.

Er liegt völlig krumm auf dem Boden. Mit dem Körper auf dem linken Arm, da die Gewalt des Schusses seinen Körper nach links gerissen hat und er darauf in dieser Richtung stürzte. Der Schmerz zog zugleich alle Körperteile zusammen. Deshalb die Krümmung.

Das Muli zaudert jetzt und dreht den Kopf nach hinten zu ihm hin. Gewiss unsicher, ob er noch lebt.

Wie der nichtexistierende Zufall so will, stöhnt genau in diesem Moment der, der auf dem Boden liegt. Also noch lebendig. Wenn Stöhnen als Lebenszeichen gelten kann.

Das Muli versteht es aber genauso, wendet sich, stapft zurück zu ihm und stupst den Verletzten mit seinem Maul in den Rücken. Sehr behutsam, fast mitfühlend.

Sein Stöhnen verändert ganz leicht die Tonlage in der Tendenz um Hilfe bittender Laute. Also noch genug Leben vorhanden, eine Situation halbwegs einzuschätzen.

Die Ohren des Mulis stellen sich aufmerksam auf, dann humpelt es sehr langsam um seinen Körper herum, ihm ins Gesicht zu schauen.

Große Augen, deren farbige Linsen fast den gesamten Augapfel ausfüllen. Darüber die sanften Wimpern.

Er redet völlig unverständliches Zeug vor sich hin, öffnet jedoch immerhin sein linkes Auge und blickt sehr hilfebedürftig in die des Mulis.

Leise spielt etwas abendlicher Wind über die Lichtung, die Vögel haben ihre Gesänge beendet. Nur der eine oder andere meldet sich noch kurz, als wolle dieser den anderen verkünden, dass er nicht so schnell einschlafen könne. Von der Szene unter ihnen auf dem Boden dort nehmen die Vögel ganz ersichtlich keine Kenntnis. Der Wind ebenso wenig.

Nach einiger Zeit – vielleicht benötigen Mulis gelegentlich etwas Zeit, so komplexe Probleme zu verstehen –, nach einiger Zeit also beugt das Muli seine beiden Vorderbeine, kniet gewissermaßen nieder vor ihm. Allerdings nicht in einer ihn verherrlichenden Weise, sondern auffordernd.

Denn, während es da so kniet und auch noch unter sicherlich schrecklichen Schmerzen die Hinterbeine erniedrigt, bewegt es den Kopf mit äußerster Intensität von dem Blick auf ihn, der so verzweifelt da liegt, auf den Muli-Rücken. Vorsichtig, jedoch wieder und wieder. Eben als Einladung oder Aufforderung. Ganz langsam und aufmerksam.

Etliche Minuten, qualvolle Minuten, vergehen, bis er diese einladende Geste zu begreifen scheint.

Nicken mit dem Kopf, also die an und für sich erwartbare Aktion, ist ihm offenbar unmöglich. Deshalb zwinkert er mit seinem linken Auge. Nein, besser beschrieben: er legt mehrfach sein linkes Augenlid über das linke Auge.

Das Muli benötigt einige Interpretations-Kompetenz, dies als Zustimmung zu verstehen. Braucht seine Zeit. Bis es sich mit vor Schmerz verzogenem Maul komplett neben ihn auf den Bauch legt und sich gänzlich an seinen Körper schmiegt. Direkt neben ihm.

Er schiebt sehr allmählich seinen linken Arm auf den Rücken des Mulis, krallt sich mit den Fingern der linken Hand in das dünne Fell des eigenartigen Tieres und zieht sich mit größten Anstrengungen ganz langsam auf dessen Rücken.

Der linke Arm zieht und zieht, bis der Rest des Körpers folgt. Bis er seinen gesamten Körper halbwegs auf diesen Rücken gezogen hat.

Das Muli beobachtet mit zurückgelegtem Kopf diese Aktivitäten und versteht überraschenderweise, anders kann man das nicht nennen, genau den Moment, da es der Körper des so heftig Verletzten bäuchlings auf den Rücken geschafft hat.

Jetzt nämlich erhebt es sich. Erst die vorderen Beine, dann das unverletzte hintere Bein, das wiederum das vierte Bein mit nach oben schleppt.

Es steht. Zwar etwas wacklig, doch auf allen vier Beinen. Und über dem Rücken die heftige Last des menschlichen Körpers.

Das Bild ist klar. Da steht ein Muli und trägt einen Menschen, dessen Hände und dessen Kopf mitsamt dem Oberkörper links am Rücken herunterhängen und dessen Beine mitsamt Füßen und Unterkörper rechts baumeln. Bloß die Mitte des Menschen liegt recht fest auf dem Rücken. Leerer Augenblick.

Das Blut, das gelegentlich aus seiner Wunde in der rechten Brust tropft, färbt an dieser linken Seite den

Rücken, der ihn trägt, ein wenig rot. Und von dort rinnt es auf den Boden.

So belastet schreitet das Muli sehr langsam voran. Schnell erkennbar, dass es leichter die richtige Orientierung und somit den Weg heraus aus dem Unterholz findet. Es stolpert nicht. Natur ist dem animalischen Verhalten bekannt. Wird wahrscheinlich intuitiv wahrgenommen. Genialisch würde als Fehlinterpretation sicherlich sich selbst erledigen.

Also trägt es seinen Körper Schritt für Schritt aus dem Wald hinaus. Auf die Straße.

Dort richtet es sich zuerst ganz pathetisch dem Blickfang Brandenburger Tor zu. Doch mit seinem linken Arm klopft er mühselig auf die Flanke des Mulis. Seine beiden Augen sind geöffnet und blicken schwiemelig in die Gegend. Immerhin stark genug, in der Entfernung das Brandenburger Tor zu entdecken oder wenigstens zu erahnen.

Irritiert hält das Muli an, schüttelt sich etwas, scheint zu verstehen, dreht sich komplett um und humpelt in die Gegenrichtung.

Das sieht schon sehr schrecklich aus: ein Muli, aus dessen Hinterteil ab und an dunkelrotes Blut herausspritzt, und ein Mann bäuchlings auf dessen Rücken, aus dessen rechter Brust von Zeit zu Zeit, aber durchaus gleichmäßig, etwas helles Blut tropft. Auf der Straße des 17. Juni, kontrovers zum Brandenburger Tor.

Autos sausen an den beiden vorbei und nehmen sie nicht zur Kenntnis. Fußgängerinnen und Fußgänger sind nicht in Sicht, rennen zu dieser Zeit andernorts herum.

Lediglich eine Katze, auf deren Rücken ein Papagei quasselt, schleicht an den beiden vorbei, biegt jedoch bald rechts ab.

Mittlerweile haben sich die Straßenlaternen entzündet und werfen ihr blasses blaues Licht auf die Straße. Womit sich flüchtige Schatten bilden.

Der Mann auf dem Rücken des Mulis redet kaum verständlich Wörter vor sich hin, die vom Takt des humpelnden Mulis strukturiert werden: das klingt etwa so: „Laufe, Faule, Nasen rasen, lasche Schale, ein Nie, rausche Schauer, Asche-Sache ...".

Kein Fernsehen, kein Handy, YouTube oder Twitter unterbrechen diesen Ritt. Niemand fragt, keiner fotografiert.

Schaum bedeckt inzwischen das Maul des Mulis. Doch lautlos stapft es vor sich hin. In fast gerader Linie. Nur gelegentlich erschüttert durch den Körper auf dem Rücken.

Ein Ende des Wegs ist nicht in Sicht.

Das äußere Dunkel schafft im Inneren Helligkeit.

Immer weiter.